D1618524

Katzen-Fratzen

Geschichten mit, von und über Katzen

Nathalie C. Kutscher

telegonos-publishing

Über dieses Buch:

Wer immer noch denkt, der Mensch sei die Krönung der Schöpfung, irrt sich. Katzen wollten und werden irgendwann die Weltherrschaft an sich reißen. Die Methoden sind da vielseitig. Es gibt die handwerklich begabten Katzen, die Kobolde, die Witzbolde, die Bösen und die einfach nur Hübschen. Aber alle haben ein Ziel: die Menschen zu unterwerfen! Dieses Buch prägen fast zwanzig Jahre Katzenerfahrung und jede Episode ist so einmalig, so witzig oder tragisch, dass man sie einfach lieben muss. Die wahren Götter dieser Welt.

Copyright: © 2020 Nathalie C. Kutscher – publiziert von telegonos-publishing 2. Auflage
Cover: © Kutscher-Design unter Verwendung einer Vorlage von Pixabay
www.telegonos.de (Haftungsausschluss und Verlagsadresse auf der website)

Kontakt zur Autorin:
http://www.telegonos.de/aboutNathalieKutscher.htm
https://nathaliekutscher.jimdo.com/

ISBN-13: 978- 3749483105
Herstellung und Verlag: BoD – Books on Demand, Norderstedt

Bibliografische Information der Deutschen Nationalbibliothek:
Die Deutsche Nationalbibliothek verzeichnet diese Publikation in der Deutschen Nationalbibliografie; detaillierte bibliografische Daten sind im Internet über http://dnb.dnb.de abrufbar.

Katzen-Fratzen

Geschichten mit, von und über Katzen

Nathalie C. Kutscher

telegonos-publishing

Siehst du die junge Katze dort, die so possierlich nach ihrem Schwanz hascht? Könntest du mit ihren Augen sehen, würdest du um sie herum hunderte von Gestalten erblicken, die verwickelte Tragödien und Komödien mit langen Gesprächen, vielen Mitwirkenden und zahlreichen überraschenden Schicksalswendungen aufführen.

Ralph Waldo Emerson

Inhalt:

Vorwort

Ich liebe Katzen und habe immer reichlich davon. Jeder, der mich kennt, weiß, Nathalie trifft man selten ohne Katze an. Meine Katzen haben eine eigene Facebookseite, sie sind meine liebsten Fotomotive, ich erzähle über meine Katzen. Also kurz gesagt, ja, ich lebe ein Leben unter Katzen. Derzeit sind es fünf plus unsere Gartenkatzen, aber das kann sich jederzeit ändern.

Jetzt sagen bestimmt einige, *och nö, nicht noch ein Katzenbuch*. Aber ich wurde schon so oft gefragt, warum ich denn nicht mal eins schreibe, sodass ich mich dem gebeugt habe, obwohl ich es eigentlich nicht wollte. Ich bin nicht sehr konsequent – wissen auch meine Katzen. Ein *Nein* bedeutet noch lange kein *Nein,* es könnte auch ein *vielleicht* oder nach langem, herzzerreißenden miau auch ein *Ja* bedeuten. Meist ist es:»Ach, macht doch, was ihr wollt.«

So bin ich – die Sklavin meiner Katzen. Nicht nur Dackel haben gleichnamigen Blick drauf, nein, auch Katzen können einen anschauen, dass man alles für sie tun möchte. Allen Nicht-Katzen-Fans sei gesagt, dass auch diese manchmal etwas kratzbürstig wirkenden Wesen, genauso menschenbezogen sein können, wie ein Hund. Gut, solange man ihnen dient – damit wäre der Unterschied zwischen Hund und Katze aber auch schon erklärt.

Kapitel 1
Von Katzen, Hunden und anderen Fellnasen

Ich war etwa dreizehn oder vierzehn Jahre alt und mit meiner Oma am Baldeneysee in Essen spazieren. Richtig, ich bin eine geborene Ruhrpottpflanze, auch wenn sich das im Laufe meines Lebens einige Male geändert hat.

Meine Oma war eine von diesen Omas, die ihren Enkeln jeden Wunsch erfüllen, völlig ungeachtet dessen, was die Eltern dazu sagen. So kam es, dass wir an einem Bauernhof vorbeiliefen, auf dem es vor Katzenbabys nur so wimmelte. Zur damaligen Zeit machte man sich noch keine großartigen Gedanken um Kastration oder einer Katzenüberbevölkerung und über die somit einhergehende Weltherrschaft von Katzen. Daher war ich ganz aus dem Häuschen, angesichts der Vielzahl von putzigen Wesen.

Ein einziger Satz der Bauersfrau reichte, um mir oben erwähnten Dackelblick aufs Gesicht zu zaubern – Kinder beherrschen den nämlich auch zu gut – und Oma anzubetteln, ein Kätzchen mitnehmen zu dürfen.

»Wenn Sie wollen, können Sie eins haben. Wir haben genug davon.«

Das war mein Stichwort!

»Bitte, bitte, bitte Oma!« Flehende Teenageraugen suchten nach Erlösung.

»Was wird denn Mama dazu sagen?«, war ihr erster Einwand und dann prasselten die Gegenargumente auf mich ein.

»Du weißt, deine Mutter mag keine Katzen. In einer Mietwohnung ist das keine gute Idee, das können wir nicht machen, ohne deine Eltern zu fragen.«

»Oh, Omilein, bitte, bitte.«

Natürlich hatte ich bereits die Katze meiner Wahl auserkoren und hielt sie in inniger Umarmung umschlungen. Ein schwarz-weißes, rotznäsiges Ding, zu klein für die Welt und ganz besonders zottelig. Mein Herz für die geschundenen Seelen dieser Gesellschaft hatte wieder voll zugeschlagen.

»Mama wird nichts dagegen haben«, sagte ich im Brustton der Überzeugung. »Sie kann die Katze ja kaum wegschicken, wenn sie erst einmal da ist.«

Mit Vierzehn hat man noch Träume ... ach ne, der Text ging anders, aber ich dachte damals wirklich, ich könnte meine Mutter von irgendetwas überzeugen, was sie so gar nicht mochte. Katzen gehörten dazu. Dass sie viele Jahre später selber Katzenmama wurde, wusste sie zu diesem Zeitpunkt noch nicht.

Nach einer gefühlten Ewigkeit ließ Oma sich erweichen – dieses kranke, schwarz-weiße Etwas kam mit uns mit.

Meine Mutter reagierte – wie nicht anders zu erwarten – in perfektionierter Ablehnung. Egal! Wenn ich eins gut kann, dann Menschen um den Finger wickeln. Also wurde Mutter zwangsüberzeugt und sie ist ja auch kein Unmensch. Sie machte sich sofort Gedanken, wo das kleine Tier denn sein Geschäft verrichtet, was es frisst und ob es denn überhaupt gesund ist. Tja, kleine Katzen haben diese Wirkung auf Menschen – sie sind niedlich, dumm und machen jede Menge lustiger Sachen. Wem dabei das Herz nicht aufgeht, dürfte sich meines Erachtens nicht Mensch nennen.

Meine Mutter fuhr also los und besorgte eine Erstausstattung. Der kleine Stinker, den ich damals Mikesch nannte, blühte auf. Froh, über menschliche Zuneigung, schlief er nach kurzer Zeit in meinem Bett und wich nicht mehr von meiner Seite. Nach ein paar Tagen meinte meine Mutter, es wäre Zeit für einen Tierarztbesuch. Die Ärztin stellte so einiges fest. Abgesehen von Würmern – denen man leicht zu Leibe hätte rücken können – war Mikesch von sämtlichen Parasiten befallen, die sich in der westlichen Hemisphäre tummeln.

Außerdem hatte er einen ausgeprägten und nicht therapierbaren Katzenschnupfen. Alles Gründe, die meine Mutter dazu veranlassten, Mikesch auf den Hof zurückzubringen. Ich war am Boden zerstört, alles Bitten und Betteln war nutzlos – der Kater kam wieder weg. In meinem jugendlichen Trotz schwor ich meiner Mutter:»Wenn ich ausziehe, werde ich mir als Erstes

Katzen anschaffen. In diesem Haus sind ja Tiere anscheinend verpönt.«

Bis es soweit kam, machte ich erst einmal eine Ausbildung zur Baumschulgärtnerin, was auf den ersten Blick nichts mit Katzen zu tun hat. Inzwischen lebten wir auch nicht mehr in einer Mietwohnung, sondern im eigenen Haus und mein Vater meinte, in ein Haus gehört auch ein Hund. Wieder einmal wurde meine Mutter überrumpelt, denn auch er brachte Billy ungefragt mit.

Gut, also wurden wir Besitzer eines rotzfrechen, geradezu bösartigen Spickels. Was das ist? Mischung aus Dackel und Spitz – Hundehaltern muss ich wohl nicht erklären, was für ein Teufelswesen wir uns ins Haus geholt hatten. Schwarz wie die Nacht, mit gedrungenem Körperbau, lustig krummen Beinchen, aber mit dem Selbstbewusstsein eines Rottweilers ausgestattet. Billy war binnen weniger Monate in der gesamten Nachbarschaft bekannt und das nicht wegen seines liebenswürdigen Wesens. Andere Hundebesitzer wechselten die Straßenseite, sobald sie an unserem Haus vorbeiliefen und Billy sich zufällig mit meiner Mutter im Vorgarten aufhielt. Hinter vorgehaltener Hand tuschelte man etwas vom *Schwarzen Teufel,* dem man besser aus dem Weg ging.

Ich hatte zwar immer noch keine Katze, aber Billy wurde zu unserer geheimen Superwaffe, was besonders meinem Vater gefiel. Wir drei Geschwister sind allesamt Mädels – schwer für Papa, seine Augen immer und überall zu haben, besonders wenn es um Männer ging. Aber mit Billy hatte er sich einen echten Kerleschreck zugelegt, denn der Hund hasste andere Männer! Im Klartext: Sämtliche Freunde und Dates, die wir mit nach Hause brachten, wurden von der Kampfratte verjagt und damit meine ich nicht nur mit Gebell. Nein, Billy entwickelte sich zum Wadenbeißer. In der heutigen Zeit wäre er wohl auf irgendeiner Liste gelandet und hätte einen Maulkorb tragen müssen, wobei sich wahrscheinlich viele Väter von Töchtern einen Billy gewünscht hätten. Der Hund war wirksamer als die Anti-Babypille!

Billy hat auf den ersten Blick auch nichts mit diesem Buch zu tun, aber wir ernennen ihn mal zur Ehrenkatze, denn ein richtiger Hund war er ja auch irgendwie nicht. Außerdem machte er später auch Bekanntschaft mit meinen Katzen.

Billy hatte aber neben all seiner Garstigkeit auch ganz liebe, niedliche Seiten. Er war mein Beschützer, als ich drei Wochen alleine zu Hause war, weil meine Eltern in den Urlaub fuhren. Er war witzig, hat jede Menge lustiger Sachen gemacht, wie zum Beispiel stehlen. Einmal fraß er in Sekundenschnelle frisch ausgestochene, noch nicht gebackene Plätzchen vom Blech. Ein anderes Mal räumte er meiner Mutter die gesamte Handtasche aus und stibitzte sich holländisches Pfefferminz. Wir hatten den einzigen Hund mit eukalyptisch-frischem Atem. Wenn ihm langweilig wurde, zerstörte er liebend gerne Schuhe - warum das ausgerechnet immer meine waren, wusste wohl nur er. Außerdem wurde er Adoptivmutter für ein Kaninchenbaby und das tat er mit liebevoller Hingabe.

Auf der Arbeit mussten eine Kollegin und ich Baumcontainer wässern. Das bedeutet, wir sind mit dicken Schläuchen und mächtig Wasserdruck der trockenen Erde zu Leibe gerückt – leider auch einem Kaninchenbau, denn der lag versteckt in einem der Töpfe. Wir schwemmten also versehentlich fünf noch blinde Mümmelmänner aus ihrem Bau. Von der Mutter weit und breit keine Spur. Wir setzten die Babys erst einmal in einen Karton an Ort und Stelle und warteten bis Feierabend, ob Mama wiederkommt, doch Fehlanzeige. Zwei waren bereits tot, die anderen drei packten wir kurzerhand ein. Meine Kollegin zwei, ich eins. Wir fuhren direkt zum Tierarzt und erkundigten uns, wie wir die Kleinen durchbringen konnten. Mit jeder Menge guter Tipps im Ärmel, nahmen wir die Kaninchen mit nach Hause und päppelten sie auf. Billy erwies sich als große Hilfe, denn er schien instinktiv zu wissen, was gemacht werden musste. Ich fütterte mein Baby, reichte es Billy und er begann, dem Kleinen den Bauch zu lecken – so, wie das die Mutter in der Natur gemacht hätte. Baby-Mümmel schlief in meinem

Zimmer. Als er älter wurde, sprang er nachts in mein Bett und flitzte irgendwann durch das komplette Haus. Billy immer hinterher. Er achtete darauf, dass der kleine Scheißer nicht zu weit weglief, nicht die Treppen hinunterfiel oder aus Versehen durch die Terrassentür entwischte.

Doch leider mussten wir uns von Mümmel trennen, denn als Wildkaninchen sollte er auch ein ebensolches Leben führen. Meine Arbeitskollegin brachte uns ihr übriggebliebenes Baby – das andere war dann doch noch verstorben – und wir wilderten sie in unserem Garten aus.

Um diese Anekdote zu Ende zu bringen: Die Kaninchen und all ihre Nachkommen lebten glücklich viele Jahre in unserem Garten und auf dem dahinterliegenden Grundstück. Ohne unseren schwarzen Teufel hätten wir das vielleicht nicht geschafft.

Zurück zu den Katzen. Denn trotz Hund, Kaninchen, Tauben, Fische und was meine Schwestern und ich unseren Eltern so alles anschleppten, wollte ich immer noch eine Katze.

Apropos anschleppen. Mir fällt da eine weitere Anekdote ein und ich überlege gerade ernsthaft, ob der Titel des Buches richtig gewählt war. Es geht nämlich wieder nicht um Katzen, sondern um Pferde. Ich gebe zu, ich bin kein großer Pferdefreund, meine jüngere

Schwester umso mehr. Sie war damals regelmäßig reiten und ist genauso verrückt wie ich. Daher dachte sie wohl, wenn man Mama schon von einem Hund und einem Kaninchen überzeugen kann, warum dann nicht auch von einem Pferd? Gut, normalerweise geht man das so an: Kind redet mit Eltern, will ein Pferd, Eltern überlegen und stimmen zu, dass das Kind auf einem Reiterhof ein Pferd zur Pflege bekommt. Aber in der Welt meiner Schwester lief das irgendwie anders. Meine Mutter stand nichts ahnend in der Küche, als sie durchs Fenster einen Gaul im Vorgarten stehen sah. Die Erklärung meiner Schwester:»Das Pferd soll verkauft werden und es ist mein Lieblingspferd. Wir müssen es im Gartenhäuschen verstecken.«

Tja, meine Schwester hat es nie zu einem eigenen Pferd gebracht, dafür hat sie ihre Liebe zu Pferden an ihre Tochter weitergegeben, und die hat mittlerweile auch ein eigenes Pferd.

Im Rahmen meiner Ausbildung machte ich ein überbetriebliches Praktikum bei der Duisburger Stadtgärtnerei. Die Altgesellin – sie musste an die hundert Jahre alt gewesen sein und erinnerte mich immer an die alte Morla aus der Unendlichen Geschichte – besaß zirka fünfzehn Katzen. Ha, endlich hatte ich jemanden gefunden, der meine Leidenschaft teilte. Es war daher kein Wunder, dass sich auf dem Betriebsgelände eine Streunerin einfand und dort ihre

Jungen zur Welt brachte. Die alte Morla kümmerte sich aufopfernd um das Tier und die Kleinen. Und ich konnte live dabei sein, wie aus Katzenbabys süße Racker wurden. Ich wusste, noch mal könnte ich meiner Mutter keine Katze unterjubeln, außerdem war da ja noch Billy. Also zog ich das Naheliegendeste in Betracht: Omma braucht eine Katze! Seit Opa tot war, war sie ziemlich einsam und sie mochte Tiere. Also *schenkte* ich ihr einen weiß-schwarzen Kater, über den sie sich natürlich freute und ihn auch wieder Mikesch nannte.

Kennt ihr die Geschichte vom Kater Mikesch? Die hat sie mir als Kind immer vorgelesen und wahrscheinlich trugen deshalb bei ihr alle Kater diesen Namen.

Mikesch war ein Kater wie er im Buche stand. Frech, vorwitzig und für eine ältere Dame wahrscheinlich etwas zu wild – er war ja schon drei Monate alt, als ich ihn mitnahm und daher wusste er, was Freiheit bedeutete.

Meine Oma richtete ihm sein Klöchen auf dem Balkon ein, was er ohne Probleme annahm. Einmal telefonierte ich mit ihr und hörte plötzlich einen lauten Schrei, dann war das Telefon unbemannt. Im Hintergrund durfte ich lauten Verwünschungen und Schimpfwörtern lauschen, dann kam Oma wieder an den Hörer und erzählte, dass Mikesch alle ihre Frikadellen aus der heißen Pfanne geklaut und zum Teil verzehrt hatte. Zur Strafe sperrte sie Mikesch auf den Balkon, dem diese Maßnahme gerade recht kam. Sie hatte nicht bedacht, dass neben ihrem Freisitz eine hohe Birke stand, die der Kater zur Flucht nutzte. Seitdem wurde er nicht mehr gesehen.

Also wieder keinen Erfolg mit Katzen! So langsam glaubte ich nicht mehr daran, je eine zu besitzen, denn auch Oma war vom Fellgetier kuriert.

»Katzen sind die rücksichtsvollsten und aufmerksamsten Gesellschafter, die man sich wünschen kann.«

P. Picasso

Kapitel 2
In Ägypten sind Katzen heilig

Wer kennt sie nicht, die anmutigen altägyptischen Götter? Eine davon ist *Bastet*, die Katzengöttin, die für Zerstörung zuständig ist. Stimmt auffallend. Wer sich mit Katzen auskennt, weiß um deren zeitweilige Zerstörungswut.

Ägypten ist und war von jeher mein Lieblingsland – dies nicht wegen der Katzen, sondern weil es einfach sehr interessant ist. Nachdem ich als Teenager locker als Hobbyarchäologin durchgegangen wäre, fasste ich den Plan, irgendwann mein heiliges Land zu bereisen. Wenn ich schon keine eigene Katze haben durfte, dann wollte ich doch wenigstens dorthin, wo man Katzen als Götter verehrte. Gesagt, getan. Mit einundzwanzig Jahren flog ich mit meiner Freundin nach Ägypten. Mehr Informationen dazu braucht es nicht, denn dies soll ja kein Reiseführer werden. Auf jeden Fall bewog mich die Reise dazu, von zu Hause auszuziehen und mir eine eigene Wohnung zu nehmen. Erst einmal jedoch, durfte ich auf den Kater der Freundin meiner Mutter aufpassen, als diese in den Urlaub fuhr. Ich zog für vierzehn Tage in mein vorübergehendes Domizil und lernte Pittie kennen. *Wie schlimm kann ein Kater mit Namen Pittie schon sein*, dachte ich im Vorfeld, doch dann stand ich dem Tier gegenüber. Hauskatze trifft es nicht annähernd, denn Pittie schien direkte

Verwandtschaft in Sibirien zu haben. Ein Kleinkind hätte locker auf dem Kater reiten können. Gut, er war riesig, aber mit dem Gemüt eines Teddys ausgestattet. Außer nachts, denn dann schlich sich dieses Riesenbaby mit ins Bett und machte mir den Platz streitig. Ich gab nach und wechselte auf die andere Bettseite, die von meinem Feng Shui Empfinden nicht der bevorzugte Schlafplatz war, aber wer will sich schon mit einem Kater in der Größe eines Säbelzahntigers anlegen?

Nach diesen vierzehn Tagen fühlte ich mich bereit, endlich auszuziehen. Wer mit einem wilden Raubtier das Bett geteilt hat, der ist auch für alles andere gewappnet.

Als der Schritt gemacht war, besann ich mich auf das, was ich einst meiner Mutter sagte:»Sobald ich eine eigene Wohnung habe, besorge ich mir Katzen!«

Und eigentlich fangen ab hier die Geschichten an: Ich sollte endlich meine Miezekatzen bekommen.

Eine Freundin meiner Mutter, die selber Katzenhalterin war, erzählte mir von ihrem Schwager, dessen Katze vier Kitten geworfen hatte. Wir fuhren gemeinsam dorthin und ich war sofort verliebt. Zwei Babys waren weiß, bis überwiegend weiß, eines war pechschwarz und dann gab es noch einen kleinen, bekloppten Kater, der im hübschen schwarz-weiß daherkam. Genau diesen Kater wollte ich haben, denn man sah auf den ersten Blick, dass er nicht unbedingt die hellste Kerze auf der Torte war. Der kleine Bursche fauchte, was das Zeug hielt, aber er fauchte nicht mich oder die anderen Menschen an. Nein, er vertrieb gefährliche Tisch-und Stuhlbeine! Wer Stuhlbeine kennt, weiß, wie gruselig diese zuweilen sein können. Der Kater schien gut zu mir zu passen, er war irgendwie genauso verpeilt wie ich.

Da ich keine Einzelkatze wollte, brauchte ich noch eines seiner Geschwisterchen und fasste dabei eigentlich eines der Weißen ins Auge. Ich setzte mich auf den Boden und wartete, welches zuerst zu mir kam. Es war aber keines der weißen Babys, sondern die kleine Schwarze. Sie legte sich sofort auf meinen Schoß und begann zu schnurren. Gut, bei so viel offensichtlicher Liebesbekundung konnte ich gar nicht anders und entschied mich für diese halbe Portion. Mir wurde gesagt, sie sei die Letzte aus dem Wurf gewesen und man habe sie mit der Flasche großziehen müssen, da die Mutter sie nicht angenommen hatte. Diese Information erweichte mein Herz natürlich noch mehr.

Ich war also jetzt stolze Katzenmama und benannte die beiden nach zwei meiner Lieblingspersonen aus der Historie: Cäsar und Cleopatra – kurz Cleo. Wenn schon Katzen, dann aber auch bitte mit aller Würde, die diesen gottgleichen Geschöpfen angemessen ist.

Schnell waren die beiden Königskinder in einem Transportkorb aus Flechtware – nicht die beste Entscheidung, wie ich später feststellte – verstaut und ins Auto gepackt. Wir fuhren bei meinen Eltern vorbei, denn ich wollte meinen Familienzuwachs ja vorstellen. Der Korb wurde im Wohnzimmer platziert, Billy wollte sich diese kleinen Wesen auch angucken und steckte seine Nase durch die Gitter. Während Cäsar sich in die letzte Ecke drückte und sein Fauchen endlich eingestellt hatte, zeigte Cleo ihr wahres Gesicht. Es prallten zwei schwarze Teufelchen aufeinander und Billy bekam die Abreibung seines Lebens. Von einer acht Wochen alten Katze! Der Hund, der vor nichts Angst hatte, verzog sich jaulend und mit blutiger Nase in die Küche.

Wie hieß es noch bei *Susi und Strolch*? *Katzen gewinnen und Hunde spinnen.* Es stand also eins zu null für Cleo und mir wurde schnell klar, dass sich diese kleine Madame sehr gut durchsetzen konnte. Um nicht noch für mehr Aufregung zu sorgen, fuhr ich mit den Katzen in meine Wohnung, wo ich schon alles für sie vorbereitet hatte. Es sollte meinen Lieblingen an nichts fehlen. Also Körbchen auf und die Minitiger durften sich in ihrem neuen Heim umsehen.

Und hier kommt die Fehlentscheidung eines geflochtenen Weidenkorbes ins Spiel. Bevor Cleo sich in der Wohnung umsah, brachte sie ihren Unmut über die Autofahrt und den Hundeüberfall damit zum Ausdruck, dass sie sich des Korbes annahm. Sie hängte sich an die Korbtüre, fuhr an allen vier Pfoten die Krallen aus und bearbeitete das Törchen solange, bis es nur noch in Fetzen lose vom Korb hing. Erst als diese Tat vollbracht war, begann sie mit ihrem Streifzug.

Cäsar hatte schnell ein Opfer gefunden und tat das, was er am besten konnte: Stuhlbeine anfauchen! Ich wusste schon damals, dass es mit dem kleinen Kerl viel zu lachen geben würde, denn neben dem Wort dusselig befindet sich im Duden ein Bild von Cäsar.

Kapitel 3
Spiegel und andere Dinge, die Katzen im Weg stehen

Meine beiden Racker gewöhnten sich schnell ein und ich versuchte, gewisse Regeln aufzustellen. Nicht auf den Tisch klettern, nicht in den Kühlschrank krabbeln, nicht ins Schlafzimmer und heimlich ins Bett legen, es wird kein Essen geklaut und es wird auch nicht in die Dusche gekackt! Aber man ist ja nur ein Mensch und deshalb völlig unterlegen, wenn man zwei Babykatzen hat. Wirklich! Cäsar und Cleo waren ein eingespieltes Team, wobei sie natürlich immer den Ton angab. Ihr trotteliger, langstelziger Bruder tat alles, was Cleo wollte und wenn nicht, verprügelte sie ihn ganz einfach.

Nichts Böses ahnend lag ich nachts in meinem Bett, natürlich mit verschlossener Türe, denn wir hatten ja Regeln, bis ich plötzlich ein feines Stimmchen hörte. Cleo stand vor der Türe und miaute, als stünde sie kurz davor, ihr Leben auszuhauchen. Ich blieb hart und dachte, irgendwann würde es den beiden zu langweilig werden und sie würden wieder abdackeln. Aber kleine Katzen haben Ausdauer! Und was für eine Ausdauer. Etwa eine halbe Stunde hörte ich mir Cleos Jammergesang an, dann war es plötzlich still. Hämisch grinsend drehte ich mich um, in der Gewissheit, die Schlacht für mich entschieden zu haben. Selig schloss ich die Augen, nur um sie Sekunden später erschrocken wieder aufzureißen. Vor der Schlafzimmertüre mussten sich Bulldozer eingefunden haben, die sich jetzt lautstark Zugang zum Allerheiligsten verschaffen wollten. Wieder und wieder sprang der Kater mit Anlauf gegen die Glasscheibe der Türe, bis ich befürchtete, sie würde zerspringen. Raus aus dem Bett, mit energischen Schritten zum Tatgeschehen und Katzen anmeckern. Sie über die Regeln, die wir ja ausgemacht hatten, aufklären und auf Verständnis hoffen. Während Cleo mich mit herzzerreißendem Blick ansah, flitzte Cäsar an mir vorbei und rauf auf das Bett. Kater wurde wieder eingesammelt, in den Flur gesetzt und die Türe geschlossen. Mit gespitzten Ohren lauschte ich, aber es blieb still. Meine Erziehung schien zu funktionieren!

Am nächsten Abend ermahnte ich die Miniterroristen, diese Nacht etwas weniger Lärm zu machen und verzog mich in mein Reich. Ich wartete gespannt, doch es blieb tatsächlich ruhig – zumindest solange, bis ich gerade eingeschlafen war. Diesmal ersparte mir Cleo ihre weinerliche Babykatzen-Nummer und Cäsar ging direkt zum Angriff auf die Glasscheibe über. Ich schlurfte zur Türe, öffnete diese und begann erneut meinen Vortrag über Regeln und Erziehung. Bemerkte in meinem schlafumnebelten Geist, dass sich wieder einer an mir vorbeidrückte und den Weg ins Bett fand. Schnappte mir den Eindringling, doch bevor ich ihn wieder auf den Flur setzen konnte, war Nummer Zwei schon dabei, die Bettdecke in die richtige Form zu bringen. Seit jener Nacht hatte ich mein Bett nie wieder für mich alleine.

Heute frage ich mich, ob es etwas gebracht hätte, meinen Standpunkt noch deutlicher klarzumachen.

Die Geschwister hatten allerdings noch mehr im Repertoire, wenn es darum ging, mich um meine wohlverdiente Ruhe zu bringen. Der Flur meiner Wohnung war ein langgezogenes L, eine richtige Rennstrecke also, wenn da nicht der blöde, schwenkbare Spiegel gestanden hätte. Der Spiegel und die dahinterliegende Wand waren schon fast miteinander verschmolzen, soweit hatte ich ihn in die Ecke verbannt. Aber dieses Ding schien in meiner Einrichtung nichts zu suchen zu haben und das schöngeistige Katzenauge zu beleidigen. Daher zerlegte man ihn des Nachts fachmännisch. Mit Anlauf und geballter Baby-Katzen-Power. Im Laufe der Jahre merkte ich, was den Katzen gefiel und was nicht. Zu viel Schnick-Schnack auf dem Schrank? Sind doch sowieso bloß Staubfänger – runter damit. Blumenvasen und Pflanzen auf der Fensterbank? Guck doch raus, wenn du Grünzeug sehen willst – runter damit. Ich wollte mich nicht beschweren, denn ich durfte immerhin noch bei ihnen wohnen. Gut, ich hatte zwar kein uneingeschränktes Nutzungsrecht meiner Couch oder dem Bett, aber ich wollte ja immer Katzen haben, also musste ich auch mit den Konsequenzen leben. Wenn man sich einmal daran gewöhnt hat, was man darf und was nicht, ist ein Leben mit Katzen richtig toll. Cäsar und Cleo brauchten anscheinend auch keinerlei Schlaf. Wer den viel besagten sechzehn Stunden-Schlaf einer Katze genießen möchte, sollte sich eine ab dem zweiten Lebensjahr zulegen. Baby-und Teenagerkatzen schlafen nie! Während ich mich nur noch mit Augenringen torkelnd vorwärts bewegte, kam Cleo auf solche glorreichen Ideen, wie Klopapier komplett von der Rolle wickeln, in der Dusche ihr Geschäft zu verrichten oder versehentlich stehengelassenes Geschirr auf der Arbeitsplatte abzulecken.

Dann kam die Zeit, in der Cäsar sein Interesse am anderen Geschlecht entdeckte. Etwas frühreif, denn er war erst vier Monate alt, aber er dachte sich wohl, es schadete nicht, einfach mal die Wohnung zu markieren. Und nicht nur die.

Ich saß mit meiner Mutter im Auto und freute mich auf einen ausgiebigen Shoppingtag, bis sie plötzlich die Nase in die Luft hielt und schnüffelte.

»Irgendwie riecht es hier komisch, oder nicht?«

Ich tat es ihr gleich und sog sämtliche Gerüche des Wagens in mich auf. Nein, ich konnte nichts Ungewöhnliches riechen.

»Doch, hier stinkt es, aber ganz gewaltig.« Mutters Nase kam in meine Richtung und in Bluthundmanier wurde ich inspiziert. »Du bist das. Du stinkst nach Katzenpisse!«

Herrlich erfrischend, diese offene und ehrliche Art. Mein Geruchssinn hatte sich anscheinend schon an Katzengeruch gewöhnt, oder aber ich nahm meinen eigenen, von Katerpipi markierten Duft, nicht wahr. Ich hielt meine Nase in meine Handtasche und roch es plötzlich auch! Cäsar wollte aller Welt zeigen: Das ist meine Mama!

Der Shoppingtag hatte sich fürs Erste erledigt, denn meine Mutter bestand darauf, dass ich mich umzog und sowohl die Handtasche, als auch meine Stiefel entsorgte. Ich konnte nur hoffen, in meinem Schuhschrank noch irgendetwas zu finden, was von Cäsar verschont geblieben war. In den nächsten Tagen vereinbarte ich einen Termin beim Tierarzt und ließ die beiden kastrieren. Meine Garderobe und meine Umwelt hat es mir gedankt.

»Gott schuf die Katze, damit der Mensch einen Tiger zum Streicheln hat.«

Victor Hugo

Kapitel 4

Blondinen bevorzugt

Wie gesagt, Cäsar kam in das Alter, wo er Mädchen toll fand. Dieses Interesse beschränkte sich aber nicht nur auf Katzendamen – von denen er ja eigentlich nur seine Schwester kannte. Schnell stellte ich fest, dass der Kater einen ganz bestimmten Frauentyp bevorzugte: Blondinen.

Meine beiden jüngeren Schwestern sind mit langem, goldenen Haar gesegnet und waren die Objekte von Cäsars Begierde. Wenn sie bei mir übernachteten, quartierte ich sie auf das Gästebett im Wohnzimmer ein. An diesen Tagen war ich für meinen sonst so kuschelbedürftigen Kater abgeschrieben. Er gesellte sich dann nicht mit zu mir ins Bett, sondern verbrachte die Nacht bei meinen Schwestern und starrte sie an. Ja, er hockte am Kopfende, ließ seine Pfoten durch die blonden Haare gleiten und starrte. Ich muss wohl nicht erwähnen, dass meine Schwestern sich nicht sehr wohl fühlten, angesichts dieser Belästigung und sie bekamen auch kaum ein Auge zu, aber es war unmöglich, Cäsar dazu zu bewegen, dieses fast schon obsessive Verhalten zu unterlassen.

Auch eine Freundin, die ebenfalls blond war, wurde abgöttisch von Cäsar verehrt und er entwickelte sich schon bald zum absoluten Womanizer. Wenn ich mit meinen Freundinnen zusammensaß, hockte Cäsar wie ein Pascha mittendrin und ließ sich abwechselnd von allen Damen verwöhnen. Männern hingegen begegnete er mit einer gewissen Kühle, obwohl mein Exfreund ebenfalls ein Blondchen war.

1996 begann ich eine neue Ausbildung in der Krankenpflege, wo ich meinen damaligen Freund kennenlernte. Nach einiger Zeit zog ich samt der Katzen zu ihm in die Wohnung. Er besaß zu diesem Zeitpunkt zwei zahme Ratten und wir waren am Anfang skeptisch, ob das gutgehen würde. Doch ich sagte klipp und klar:»Mich gibt es nur gemeinsam mit den Katzen, oder gar nicht.«

Es blieb uns also nichts anderes übrig, als das Wagnis Ratte versus Katze einzugehen. Da Cäsar und Cleo reine Hauskatzen waren, hegte ich die Hoffnung, sie würden die Nager nicht als Beute betrachten. Cäsar, der mittlerweile auf Tigergröße herangewachsen war und das Gemüt eines schlafenden Bären besaß, sah die Ratten, verliebte sich in sie und schlief ab und zu bei ihnen im Gehege. Cleo hingegen, die immer noch zierlich, aber nach wie vor gemeingefährlich war, nutzte die Gelegenheit, als die Ratten bei meinem Ex kuschelten und jagte sie.

Das Ende vom Lied: Wir hatten eine Ratte, die fortan hinter dem Wohnzimmerschrank lebte und eine Katze, die davor Wache hielt. Es sei aber angemerkt, dass beide das Abenteuer überlebten.

Cäsar liebte also Frauen und Ratten, meinem Exfreund spielte er allerdings nur all zu gerne Streiche. Die Wohnungseinrichtung bestand zu einem Gros aus den Möbeln der Oma, da diese vorher dort gelebt hatte. Auf dem Wohnzimmerschrank standen alte Sammeltassen, an denen mein Ex sehr hing. Tja, Cäsar war das egal. Er hatte als Kater jegliches Recht, sich auszubreiten und da entlangzulaufen, wo es ihm beliebte. Außerdem gab es keine Regel, die besagte, er dürfe nicht auf Omas Wohnzimmerschrank herumstolzieren.

Wir saßen abends auf der Couch, guckten einen Film und überließen die Katzen sich selbst. Schwerer Fehler, denn gelangweilte Katzen haben nichts als Unsinn im Kopf. Cäsar hüpfte auf den Fernseher, sah uns herausfordernd an und ließ den Schwanz vor dem Bildschirm baumeln. Kümmerte uns nicht, so ein Katzenschwanz ist ja nicht sonderlich dick. Als er merkte, dass wir ihn weiterhin ignorierten, sprang er mit einem Satz auf den Schrank und lief dort auf und ab. Mein Exfreund rief nach ihm, ohne Erfolg. Nach einem: »Hol deinen Kater vom Schrank«, versuchte ich mein Glück, doch Cäsar dachte gar nicht daran, auf mich zu hören.

»Lass ihn, er macht doch nichts«, gab ich zurück.

Okay, wir konzentrierten uns weiter auf den Film, bis die erste Tasse fiel. Alles Schimpfen und Brüllen nützte nichts, Cäsar lag auf dem Schrank, warf uns herausfordernde Blicke zu und schubste in aller Seelenruhe Tasse für Tasse hinunter. Wir konnten nur zusehen, dass wir sie auffingen und zum Glück ging nur eine zu Bruch. Eins zu Null für den Kater!

Kapitel 5

Katzen allein zu Haus und allerhand anderer Schabernack

Jeder Mensch braucht Urlaub, doch das ist gar nicht so einfach, wenn man Tiere hat. Wir wollten es dennoch probieren und buchten eine Reise nach Tunesien. Mein bester Freund wollte in der Zeit die Geschwister des Horrors hüten und wir konnten ruhigen Gewissens fliegen. Wie man das so macht, wenn Gäste kommen, schrubbte ich vor dem Urlaub die komplette Wohnung, denn mein Freund sollte sich schließlich wohlfühlen. Am Tag der Abreise war alles blitzeblank, ich verabschiedete mich von meinen kleinen *Engeln* und dann konnte es endlich losgehen. Schon abends im Hotel vermisste ich die Katzen und rief zu Hause an, wo ich einen sehr empörten Freund an die Strippe bekam.

»Sag mal, was ist denn hier passiert?«, fragte er mich verwundert. »Hattest du keine Zeit mehr, die Wohnung aufzuräumen? Es sieht hier wie auf einem Schlachtfeld aus.«

Wie er mir berichtete, war das gesamte Wohnzimmer auf den Kopf gestellt. Kissen flogen auf dem Boden herum, das frisch bezogene Bett war total zerwühlt, Katzenfutter lag verstreut in der Küche und diverse Dinge vom Wohnzimmerschrank hatten ihren Weg auf den Fußboden gefunden. Klar, ich hatte natürlich vergessen, eine Urlaubs-Verhaltensregel aufzustellen. Woher sollten die Katzen auch wissen, wie man sich in so einer Situation verhielt? Wir würden darüber sprechen müssen, wenn ich wieder zu Hause war, doch jetzt wollte ich nur noch den Urlaub genießen.

In der Hotelanlage gab es genug streunende Katzen, die meine Aufmerksamkeit brauchten. Und ja, ich bin einer von den ungeliebten Touris, die in Südländern Katzen füttern und sie somit ans Hotel locken! Vom Buffet verschwanden also allmorgendlich Sardinen, Wurst und anderes Zeug, was Katzen gerne essen. Bald hatte ich auch dort meine Lieblingstiere um mich versammelt und ihnen zumindest für diese vierzehn Tage ein etwas besseres Leben geschenkt.

Als wir wieder in heimischen Gefilden waren, straften uns die Katzen natürlich mit Nichtbeachtung. Was auch sonst? Wir hatten uns erdreistet, sie alleine zu lassen. In unzumutbaren Zuständen und unter größten Qualen. Schande über uns, dass wir nicht an das Leid unserer Herrscher gedacht hatten. Und obwohl Cleo mir drei Tage den Rücken kehrte und Cäsar mit Futter-durch-die-Gegend-wirbeln seinem Unmut Luft machte, tat ich alles, um meine geliebten Schmuseeinheiten wiederzubekommen. So sind Katzen und Menschen, die unter Katzen leben. Sie betteln um Liebe! Jeder Hund würde schwanzwedelnd vor Freude abheben, aber Katze macht lieber einen auf beleidigte

Leberwurst. Nun gut, wenn alle Bestechungsversuche nicht funktionieren, ignoriert man die Tiere eben genauso, auch wenn es einem fast das Herz bricht, dass man nachts alleine schlafen muss.

Nach vier Tagen war der Spuk zum Glück vorbei und wir genossen wieder unsere harmonische Beziehung.

Es heißt ja, man kann Katzen nicht so erziehen wie Hunde. Das stimmt nur bedingt – traf aber leider auf Cäsar und Cleo zu. Die beiden bedienten wirklich jedes Katzenklischee, was ich aber heutzutage auf meine Unerfahrenheit schiebe.

Die beiden waren auf jeden Fall sehr einfallsreich, wenn es darum ging, sich Nahrung außerhalb der Leckerchenzeiten zu beschaffen. Arbeitsplatte – kein Tabu. Da hockten beide Tiger an der Schüssel mit Thunfischsalat, den ich für eine abendliche Party vorbereitet hatte. Ein anderes Mal landete ein ganzes Putenschnitzel, welches ich für ein paar Minuten aus den Augen ließ, auf dem Boden und Cleo knurrte und fauchte, wie ein wilder Löwe. Selbst die Milch für den Kaffee blieb nicht verschont. Während Cäsar mich ablenkte, sprang Cleo blitzschnell auf die Arbeitsplatte und warf den Milchkarton auf den Boden. Es wurden im Laufe der Jahre so einige Lebensmittel geklaut und immer arbeiteten sie als eingespieltes Team. Die Geschwister hatten mich und den Rest ihrer Umwelt voll in der Pfote. So war es auch nicht weiter verwunderlich, dass sie gern gesehene Gäste auf Partys waren. Ja, wirklich. Sobald wir Besuch hatten – und dabei war sowohl die Anzahl der Gäste egal, als auch die Lautstärke der Musik – hockten Cleo und Cäsar mittendrin. Je mehr Leute, desto besser. Dabei wurde offensichtlich, dass Cleo auf Technobeats stand – im Gegensatz zu mir, möchte ich betonen. Cäsar war etwas ruhiger und bevorzugte sanfte, klassische Klänge. Cäsar war besonders gesellig und besuchte im Haus gerne die Nachbarn. Wer ihn in die Wohnung ließ, durfte sich für ein paar Stunden am Kater auf dem Bett erfreuen, natürlich auch an den hinterlassenen Katzenhaaren in der Bettwäsche. Aber jeder mochte ihn, denn wer kann einem schnurrenden Riesenkater schon widerstehen?

Auch Fernsehen mussten wir nicht alleine. Am liebsten sahen sie Tierfilme. Dann hockten beide Katzen wahlweise vor oder auf dem TV-Gerät und versuchten, die Tiere zu fangen. Sie wurden auch richtige Star Wars-Jünger. Jedes Mal wenn der Film lief, huschte eine Katze vor dem Bildschirm hin und her und griff nach den bunten Laserschwertern. Ein Leben ohne Katzen kam für mich gar nicht mehr in Frage, denn man gewöhnt sich schnell daran, dass man keine Tätigkeit mehr alleine ausführen muss.

»Hunde kommen, wenn man sie ruft. Katzen nehmen deine Nachricht zur Kenntnis und kommen eventuell später darauf zurück.«

Mary Bly

Kapitel 6
Katzen mit Jobs

Wie ich schon schrieb, mit Katzen ist die Hausarbeit ein Kinderspiel, denn man hat immer fleißige Helferchen neben sich. Und sie sind in vielen Dingen begabt, eigentlich schade, dass sie auf dem freien Arbeitsmarkt nicht anerkannt werden. Aber wahrscheinlich würden nur wieder einige Dumpfbacken dies zum Anlass nehmen, gegen Katzen zu hetzen, die ihnen die Arbeit wegnehmen. Manchmal machen Gesetze also Sinn, in dem Fall dient es nur dem Schutz der fleißigen Vierbeiner.

Da also Cäsar und Cleo im Gegensatz zu mir keinen Job außer Haus hatten, war ich froh, dass sie mir unter die Arme griffen. Ich fand es zum Beispiel sehr nett, dass Cleo mir täglich aufs Neue zeigte, wie Brücken und Tischdecken richtig zu liegen hatten. So ein Läufer sollte auf jeden Fall recht viele Stolperkanten besitzen, da macht das Aufstehen morgens umso mehr Spaß. Besonders effektiv ist es, wenn man beim Stolpern einen heißen Kaffee in den Händen hält. Aber wer war ich schon, dass ich mich in ihre Dekorationswut einmischte?

Unsere frische Wäsche wurde bereits vor dem Bügeln und Zusammenlegen aufs Penibelste in die richtige Form gezupft und gleichzeitig mit weichmachenden Haaren übersät. Klar, in den

Wintermonaten ist das praktisch und wenn sie schon so spendabel mit ihrem Fell umgehen, will man ja auch nichts sagen. Der PETA-Slogan: *Pelz, Nein danke,* wirkte bei uns irgendwie unglaubwürdig. Aber wir waren dankbar für neu kreierte Looks. Unsere weiße Berufskleidung wurde durch die schwarzen Katzenhaare um einiges aufgewertet.

Bettenbeziehen mit Katzen ist ebenfalls um Längen entspannter. Im Krankenhaus bezog ich am Tag zirka zwanzig Betten und das möglichst schnell. Zuhause konnte, oder besser musste ich mir dafür Zeit nehmen, denn Cäsar und Cleo sahen gar nicht ein, sich dabei hetzen zu lassen. Ständig sprangen sie unter die Laken – wahrscheinlich, um die Matratzen auf Bettwanzen zu untersuchen. Hatte ich das eine Ende der Laken sicher um die Matratze bekommen und drehte mich um, um diesen Vorgang an der anderen Seite zu wiederholen, waren die Enden am Kopfteil bereits wieder herausgefummelt worden. Die einzige Hilfe die ich darin erkennen konnte, war die des Spaßfaktors. Wenn man arbeitsbedingt im Stress ist, sollte man wenigstens in den eigenen vier Wänden etwas zu lachen haben.

Cäsar stellte sich sehr geschickt als Bademeister an. Er liebte es, auf dem Wannenrand zu sitzen, wenn einer von uns ein Bad nahm. Also versuchte ich, ihm etwas beizubringen. Wenn ich das Wasser einlaufen ließ, sagte ich ihm, er solle so lange sitzen bleiben, bis es voll genug war. Dann sollte er mir Bescheid geben. Und siehe da, der trottelige Cäsar besaß ein Talent. Tatsächlich wartete er immer brav am Wannenrand und kam dann schreiend zu mir gerannt, wenn das Wasser seiner Meinung nach eine angemessene Höhe hatte. Gut, manchmal reichte es gerade mal für ein Fußbad, aber woher sollte er auch wissen, dass ich keines nehmen wollte? Es wäre meine Aufgabe gewesen, mich präzise auszudrücken. Die gleiche Leidenschaft wie beim Zugucken wenn wir badeten, entwickelte er auch, wenn wir auf der Toilette saßen. Irgendwann begriff er, dass man nach erfolgreichem Geschäft die Spülung betätigte und probierte es selbst aus. Von da an konnte Cäsar die Toilettenspülung bedienen. Nicht unbedingt ein Trick für den Zirkus, aber ich war dennoch stolz auf ihn.

Wie sich herausstellte, waren die beiden auch sehr an handwerklichen Tätigkeiten interessiert. Egal, ob wir renovierten oder mein späterer Mann etwas werkelte, stets waren die Katzen dabei. Das ging sogar so weit, dass Cäsar vor dem Streichen einer Wand die Farbe auf ihre Tauglichkeit überprüfte. Bevor einer von uns reagieren konnte, sprang er mit Anlauf in den Eimer mit dunkelblauer Farbe. Nicht nur, dass wir hinterher den weltersten Schlumpfkater unser Eigen nennen durften, nein, auch der Fußboden, die Wand und die Badewanne waren mit blauer Farbe übersät. Es dauerte eine gefühlte Ewigkeit, Katerchen von seinem

Elend zu befreien und er bekam zum ersten und einzigen Mal in seinem Leben eine warme Dusche. Auch spätere Katzen von uns stellten ihr handwerkliches Geschick unter Beweis, etwa beim Überprüfen von Kabeln, Spielkonsolen oder Telefonen. In der heutigen Zeit muss man ja dankbar sein, wenn man überhaupt Hilfe bekommt.

Kapitel 7
Der Mann, der Kater, das Problem

Auch nachdem ich verheiratet war, spielten die Katzen die erste Geige. Während Cleo meinen Mann abgöttisch liebte, zeigte Cäsar ihm zuweilen die kalte Schulter. Wir erinnern uns, er bevorzugte ja Blondinen. Eine meiner Schwestern ist Flugbegleiterin und hielt es für eine gute Idee, mir zum Geburtstag eine Reise nach Barcelona zu schenken. Es war eine gute Idee, zumindest für mich. Der Kater sah das natürlich völlig anders. Schon beim Packen meiner Sachen, saß er mit Trauermine im Koffer und verließ diesen auch nicht mehr, bis ich ihn am Tag der Abreise verschloss. Noch ein paar abschließende, gutgemeinte Ratschläge an meinen Mann, eine herzzerreißende Abschiedszeremonie von den Katzen und ich konnte mich auf den Weg zum Flughafen machen.

Natürlich war ich die ganze Zeit nervös. Mein Mann war das erste Mal alleine mit den Biestern und ich wusste nicht, wie sie sich verhielten. Ich hatte ihm Unmengen an Zetteln geschrieben, damit er ja nichts vergisst. Auch meine Schwester versuchte, mich zu beruhigen und als wir in Barcelona landeten, sagte ich mir: *Wie schwer kann es schon sein, auf Katzen aufzupassen?*

Wir genossen drei Tage Kunst, Kultur und katalanisches Flair und meine Sorge schwand. Als ich wieder nach Hause zurückkehrte, erwartete mich ein Bild des Grauens. Cleo schaute mich nur kurz an und verzog sich tödlich beleidigt in eine Ecke, von wo aus sie mich mit Blicken erdolchte. Cäsar tat seinen Unmut über mein dreistes Fernbleiben deutlicher kund: Er lief in die Küche, hockte sich auf seinen Futternapf und machte ein Häufchen. Ah ja, alles Scheiße also! Wusste ich das jetzt auch. Mein Mann klärte mich auf:

»Cäsar hat sich, direkt nach dem du weg warst, vor die Türe gelegt und geschrien. Das hat er ungefähr einen Tag lang gemacht, egal, mit was ich ihn gelockt habe. Er wollte nicht fressen, nicht schmusen und auch sonst keinerlei Aufmerksamkeit, er wollte nur leiden. Als er damit fertig war, musste ich als Sündenbock herhalten. Er hockte sich vor mich auf den Tisch, fauchte, hat nach mir gehauen und mich gebissen. Gefressen hat er die ganze Zeit nicht.«

Das arme Tier! Ich hatte es sträflich vernachlässigt und es musste leiden. Wegen mir! Weil ich eine solche Raben-Katzenmutter war, dass ich dachte, ich könne nach all den Jahren meine Katzen für drei Tage alleine lassen. Ich tat Buße und schwor Besserung. Cäsar wurde an diesem Tag nach Strich und Faden verwöhnt und beschmust und am Abend waren wir zum Glück wieder Freunde. Meinen Mann strafte er trotzdem weiterhin mit Nichtachtung und ich meinte, ein höhnisches Grinsen bemerkt zu haben.

Cäsar war Mamas Liebling, er ließ sich kaum von etwas anderem überzeugen. Egal was ich tat, stets waren seine verliebten Blicke und sein Schnurren bei mir. Das kann beim Kartoffelschälen sehr beruhigend sein, ja geradezu meditativ. Auch nachts wich er nicht von meiner Seite. Er schlief auf meinem Rücken, und zwar so, dass ich ihn nie bemerkte. Der Kater schaffte es, sich meinem Körper genau anzupassen und sozusagen eins mit mir zu werden. Na ja, das wünschte er sich ja irgendwie schon die ganze Zeit. Manchmal hatte ich Angst, er würde wie im Film »Alien«, in mich hineinkriechen.

Cäsar zeigte immer mehr seine Abneigung gegen Männer. Den Mann meiner Freundin, welche er über alles liebte, aber deren Mann nun mal eben nicht, fauchte er dermaßen an, dass sogar ich erschrak. Nein, Männer hatten in Cäsars Welt einfach keinen Platz.

Kapitel 8
Wenn Katzen leiden

Im Zusammenleben mit Tieren gibt es nicht nur lustige Momente, sondern auch die, die uns als Menschen hilflos danebenstehen lassen.

Meine Katzen waren nie krank. Außer ein paar Flöhe, die sie sich aus dem Keller zugezogen hatten, musste ich nie Ängste ausstehen. Bis zu dem Tag, als die Neffen meines damaligen Freundes zu Besuch kamen. Was soll ich sagen? Die Welt den Kindern? Ähm, in dem Fall wohl eher nicht. Denn sonst hätten wir wohl schon vor zwanzig Jahren den ersten, ganz gemeinen Legokrieg und die Ausrottung sämtlicher Arten hinter uns. Ich will kein böses Lied über Kinder singen, aber manche sind einfach … na ja, sagen wir mal, unerziehbar? Die Eltern sind Schuld, das habe ich dann auch schnell gemerkt, aber man lässt natürlich erst mal den Frust an den kleinen Monstern aus.

Gut, also Familie kommt zu Besuch, keinerlei Tiererfahrung. Der erste Spruch: »Eure Wohnung ist wenig kindergerecht eingerichtet.«

Na ja, wozu auch? Wir hatten Katzen, keine Kinder. Ich meine, so viel Unterschied besteht da nicht, aber meine Katzen waren besser erzogen.

Mal abgesehen davon, dass die Neffen mit ihren Schuhen auf unserer vanillegelben Couch herumstolzierten, wurden auch noch sämtliche

Familienerbstücke zwangsenteignend und für den Kindergebrauch umfunktioniert.

Als dann der Ruf erschallte: »Ohhh, Katzen«, wurde ich schlagartig hellhörig.

»Lasst die Katzen in Ruhe. Wenn die mit euch etwas zu tun haben wollten, wären sie dabei und hätten sich nicht ins Schlafzimmer verkrochen.«

Aber wenn man allein gegen Eltern, Großeltern und Onkel ist, und alle nur einen bösen Blick für einen übrig haben, weil man den Bewegungsdrang von Kindern einschränken will, dann wirds schwer. Ungeachtet meiner Worte rannten die Gören ins Schlafzimmer, jagten meine Katzen und am Abend war Cleo verschwunden.

Nachdem die wilden Horden in heimische Gefilde abgezogen waren, suchten wir nach Ihrer Majestät, Königin Cleopatra. Alles Rufen blieb erfolglos, bis Cäsar sich auf den hinteren Bettrand setzte und miaute. Der gute Kater, er wusste immer genau, was ich wollte. Hinter dem Bett, welches wir aus Platzmangel dicht an die Wand gestellt hatten, an der das Heizungsrohr entlanglief, hockte Cleo. In Panik war sie wohl dahinter gesprungen, und zwar so unglücklich, dass das Heizungsrohr zwischen ihren Beinen klemmte und sie mit dem Bauch darauf lag. Das alles wäre nicht schlimm gewesen, aber die Heizung war an. Katze befreit, sie verkroch sich dann im Schrank, wo sie die nächsten zwei Tage blieb.

Erst am zweiten Weihnachtstag gegen Abend ließ sie sich im Wohnzimmer blicken und sah so jammervoll aus, dass ich sie direkt untersuchte und feststellte, dass sie eine Wunde unter dem Bauch hatte. Ich rief in der Tierklinik an, schilderte den Vorfall und fragte, ob wir vorbeikommen könnten. Konnten wir nicht, denn der Mitarbeiter teilte mir mit, dass sie kaum besetzt waren und derzeit keine Kapazitäten frei hätten. Ich möchte anmerken, dass die Klinik sowieso mehr als verrufen ist, weswegen mich diese Antwort nicht sonderlich wunderte. Ich wurde angewiesen, auf die betroffene Stelle etwas Wundschutzcreme zu schmieren und dann am nächsten Morgen gleich zum Arzt zu gehen.

Gesagt, getan. Unsere Tierärztin war im Urlaub, woraufhin wir auf einen anderen ausweichen mussten. Egal, Hauptsache Cleo wurde geholfen. Nach der Untersuchung folgte die Diagnose und die war für mich niederschmetternd. Der gesamte Bauchbereich war bis aufs Muskelgewebe verbrannt und Cleo kam um eine OP nicht herum. Also ließ ich meinen Schatz in den erfahrenen Händen des Doktors und versuchte, den Tag irgendwie herumzubekommen, ohne ständig an mein Mäuschen denken zu müssen.

Durch die Schwere der Verletzungen durften wir Cleo erst am nächsten Morgen aus der Praxis holen. Mir traten die Tränen in die Augen, als ich sie sah. Eingewickelt in Bandagen, auf dem Kopf einen Trichter, damit sie nicht an den Verband ging. Nach dem ersten

Schock folgte der Zweite. Die Rechnung und der einhergehende Spruch des Arztes.

»Einschläfern wäre billiger gewesen.« Sagte es und nannte den Betrag von vierhundert Mark. Das Geld war uns egal, aber ich fand diese Aussage einfach unverschämt. Ich muss wohl nicht erwähnen, dass wir nie wieder dorthin gegangen sind.

Cleo musste also diesen Kopftrichter tragen. Natürlich rannte sie Zuhause überall vor, Cäsar fand das Ding total gruselig und tat das, was er am besten konnte: Fauchen. Dass irgendwo in diesem Ding seine Schwester steckte, war ihm egal. Sah wahrscheinlich für ihn wie eine Stehlampe aus.

Nach vierzehn Tagen war aber alles wieder gut. Cleo war zwar nackig unter dem Bauch, aber die Wunde verheilte. Mit Kindern brauchten wir ihr allerdings nie wieder zu kommen.

Auch bei den nachfolgenden Katzen kam es immer mal wieder zu kleinen und großen Blessuren. Ich blicke auf verstauchte Schwänze und Beinchen, Scheidenvorfälle, Insektenstiche, Beißwunden, verletzte Wirbelsäulen und hier und da mal ein kleines Fieber. Von den dramatischen Fällen berichte ich später noch.

Kapitel 9
Wo ist der Kater?

Cäsar! Unvergessen durch seine Liebenswürdigkeit und auch dadurch, dass er eben ein bisschen dümmlich war. Im Nachhinein lachen wir darüber, aber zum damaligen Zeitpunkt hegte ich die Befürchtung, mein Mann und ich schaffen das erste Ehejahr nicht.

Es war morgens um halb sieben. Mein Mann war zur Arbeit gefahren, ich lag noch im Bett, froh, endlich ausschlafen zu dürfen, nachdem ich die Tage davor Doppelschicht gearbeitet hatte. Aber wie heißt es so schön? Erstens kommt es anders und zweitens, als man denkt.

Wie ich schon erwähnte, es war halb sieben. Ich kuschelte mich in die Decke, als ich plötzlich Cleo hörte. Miaute und stand kratzend an unserem Kleiderschrank. Dieser Schrank war schon etwas Besonderes, denn er war aus massiver Eiche. Wir hatten ihn von meinem Onkel geschenkt bekommen. Der Schrank nahm die gesamte linke Wand ein, besaß ein Eckteil und ging auf der anderen Seite weiter. Viel Stauraum – leider auch dahinter, denn die Ecke schloss oben nicht bündig mit der Wand ab.

Während ich also aus meinen Träumen gerissen wurde und Cleos Gejammer lauschte, mischte sich eine andere Stimme dazwischen: Cäsar! Irgendwie schaffte es mein Gehirn ganz ohne Kaffee, das Geschehene nachzuvollziehen. Mein Mann hatte den Kater bestimmt versehentlich im Schrank eingesperrt. Leise fluchend also aus dem Bett, Schranktüren auf – kein Kater. Dafür eine Katze, die mich flehentlich ansah und noch lauter miaute.

Ich rief Cäsars Namen und bekam eine Antwort, die ich aber nicht lokalisieren konnte. Ich rief noch mal, und wieder: Von irgendwoher schrie der dumme Kater. Es klang, als säße er hinter dem Schrank. Ein nervöses Kichern meinerseits, panisches Haareraufen, gefolgt von lauten Flüchen.

Dieses Tier hatte es tatsächlich geschafft, hinter den Schrank zu fallen. Einem Schrank, der sich wie die Chinesische Mauer vor mir aufbaute und mir hämisch ins Gesicht lachte. *Ich bin massive Eiche und du nur eine schwache Frau!*

Mein Opa sagte immer: »Man kann ruhig dumm sein, man muss sich nur zu helfen wissen.«

Genau. Als holte ich eine Leiter und ein Betttuch, kletterte hoch und versuchte, Cäsar davon zu überzeugen, sich am Betttuch festzukrallen. Nein, er tat es nicht, sondern schrie noch lauter.

Eine Katze schreiend vor dem Schrank, die andere dahinter. So sollte jeder Morgen beginnen. Da wird man fit! Okay, Plan eins verworfen, also etwas Neues. Rückwand rausmontieren. Die war aus Spanplatten. Bevor ich allerdings mit dem Hammer, den ich mir zur Unterstützung besorgt hatte, zuschlug, fiel mir etwas siedendheiß ein: Die Rückwände halten den Deckel. Wenn ich die also rauskloppe, kommt mir das ganze Ding entgegen.

Katzen schrien immer noch. Meine Nerven lagen blank. Mann anrufen? Nein, der steckte irgendwo auf der Autobahn. Erst mal Cleo vor die Türe befördern, ich konnte bei dem Gemaunze nicht denken. Die naheliegendeste Lösung war nun folgende: Der Deckel musste ab, damit der arme Kater den Rest seines Lebens nicht hinter dem Schrank verbringen musste.

Ich brachte also all die Kraft auf, die man zu so einer unheiligen Stunde und noch vor dem Kaffee haben konnte, und schaffte es irgendwie, diesen tonnenschweren Schrankdeckel von den Seitenwänden zu lösen. Mit dem Mörderteil auf Kopf und Schultern, balancierte ich hinüber zum Bett, um den Deckel sanft darauf fallenzulassen. Was ich nicht bedacht hatte: Durch die Demontage, hatten die Rückwände auch keinen wirklichen Halt mehr, sodass alles in sich zusammenbrach. Es schepperte kurz, ich blickte auf und direkt in die glücklichen Augen meines Katers, der heilfroh an mir vorbeihuschte und seiner peinlichen Lage entfloh.

Ich konnte jetzt in Ruhe meinen Kaffee genießen, allerdings machte ich mir den ganzen Tag Gedanken, wie ich das abends meinem Mann erklären sollte. Lasziv im Bett räkeln und ihn mit Sex bestechen ging schlecht, denn dort lag ja immer noch der

Schrankdeckel. Also lieferte ich einfach die Fakten – schnell und schmerzlos, wie bei einem Pflaster. Seine Reaktion? Er lachte, aber nicht dieses heitere, ansteckende Lachen. Es hatte mehr eine hysterische, fast schon wahnsinnige Nuance.

Der Schrank wurde übrigens wieder aufgebaut und wir sind nach 20 Jahren noch immer verheiratet.

Unsere Wohnung besaß einen Balkon, der auf das Dach einer darunterliegenden Firma gebaut war. Dieses Flachdach war zirka fünfzehn Meter lang, sodass die Katzen auch außerhalb des Balkons herumlaufen konnten. Es hatte eine Breite von etwa vier Metern. Warum ich das erwähne? Nun, auf diesem Dach befand sich ein Schornstein. Ein einziger, nicht nennenswerter Schornstein, der zirka zwanzig Zentimeter vor dem Rand endete. Während Cleo das gesamte Ausmaß des Daches für sich nutzte, drückte sich Cäsar stets an diesem Schornstein vorbei. Mein guter, lieber Cäsar. Wie sollte er auch wissen, dass er eines Tages vom Rand fiel, sich in der mit Efeu bewachsenen Wand des Nachbarn rechts unter uns verhedderte und wir mit zwei Personen versuchten, den Kater wieder zu befreien?

Da fällt mir ein, in der Wohnung, die ich mit meinem Exfreund bewohnte, hatten wir in der Küche ein Veluxfenster, da wir unter dem Dach wohnten. Aus welchem Grund auch immer, dieses Fenster stand am Abend einen Spalt offen.

Der aufmerksame Leser kann es sich denken: Cleo stand schreiend unter dem Fenster, der Kater rief von irgendwo außerhalb der Wohnung. Also hangelte sich mein Ex nebst Taschenlampe aus dem Fenster hinaus und zog Cäsar aus der Dachrinne nach oben.

Das Leben mit Kater Cäsar war nie langweilig und ich werde ihn auf ewig vermissen.

Kapitel 10
Eine Ära geht zu Ende

Cäsar war nicht gut zurecht. Man denkt ja als Tierbesitzer immer positiv. Die Geschwister hatten mittlerweile zwölf Jahre auf dem Buckel und waren bisher immer topfit gewesen. Doch plötzlich nahm mein Acht-Kilo-Kater immer mehr ab, verweigerte sogar zeitweise sein Futter – eine Undenkbarkeit.

Also zu Doktor Nummer eins:

Dieser diagnostizierte in seiner schicken, neuen Praxis, nach endlosen Laboruntersuchungen eine Schilddrüsenfehlfunktion. Inklusive Tabletten: Dreihundert Euro.

Arzt Nummer zwei meinte, nachdem die Tabletten nicht halfen, einen Herzfehler gefunden zu haben. Neue Tabletten. Cäsar verkroch sich immer mehr im Küchenschrank, nahm immer weiter ab und gefiel mir ganz und gar nicht.

Doktor Nummer drei sollte es richten. Diagnose: Zahnstein. Operation. Nach der OP meinte der Arzt: »Es ist schon sehr verwunderlich, dass Cäsar überhaupt noch lebt. Aber er hat so einen Lebenswillen, dass er kämpft.

Ich nahm meinen Kater wieder mit nach Hause – es änderte sich nichts. Drei Monate machten wir das Spiel mit, kein Arzt konnte uns sagen, was ihm fehlte.

Eines Tages, Cäsar fraß plötzlich den angebotenen Thunfisch wieder, kam mein Mann abends nach Hause. Cäsar lief sofort zu ihm, was eigentlich nicht seine Art war. Er ließ sich durschschmusen, legte sich dann in eine Ecke neben der Couch und blieb dort liegen. Er lag dort, mit mir und Cleo an seiner Seite, bis er nachts um eins seinen letzten Atemzug tat.

Er wollte diese Narkose überleben, er wollte sich verabschieden und er wollte in unseren Armen sterben. Am nächsten Tag rief ich einen Tierbestatter an, der ihn einäscherte.

Cleo trauerte um ihren Bruder. Sie verweigerte tagelang die Nahrung und es dauerte, bis sie sich wieder fing. Nach zwei Monaten dachten wir darüber nach, uns eine neue Katze anzuschaffen, da Cleo ziemlich einsam war. Doch bevor wir diesen Gedanken in die Tat umsetzen konnten, blieb mir eines Morgens alles im Halse stecken.

Cleo lag aufgebläht wie ein kleiner Fußball vor mir. Unfähig, sich zu bewegen, Urin, Kot – alles hatte sie an Ort und Stelle verloren.

Panisch packten wir sie sofort in den Korb und fuhren zur Tierärztin, die direkt FIP (Feline infektiöse Peritonitis) feststellte.

Wir wussten damals nicht, dass es die trockene und die feuchte FIP gibt, und das Cäsar wohl die trockene Variante hatte. Um Cleo weiteres Leid zu ersparen, ließen wir sie an dem Tag einschläfern. Die

Spekulationen, woher zwei Hauskatzen diese Krankheit hatten, ließen mich nächtelang nicht schlafen. Doch da es auch ein Gendefekt sein konnte, war die Ursache umso schwerer zu ergründen. Wie auch immer, meine beiden Lieblinge waren tot und ich litt wochenlang.

Wir hatten uns dazu entschlossen, beide einäschern zu lassen. Sie begleiten uns, wohin wir auch gehen.

Ich werde sie nie vergessen, die Geschwister des Terrors. Meine ersten Katzen, die mir so viel Spaß und Freude brachten. Einen zweiten Cäsar gibt es wohl kaum auf der Welt und mit seinem letzten Geschenk, dass er bei seinen Menschen sterben wollte, hat er seine Liebe zu uns bewiesen. Wir hatten zwölf wunderschöne Jahre miteinander und ich war mir sicher, nie wieder würde ich eine Katze so lieb haben.

»Es gibt zwei Möglichkeiten, dem Elend der Welt zu entfliehen: die Musik und die Katzen.«
Albert Schweitzer

Kapitel 11
Wikingerkatzen und Baumeistermäuse

Im Frühjahr 2008 wanderten mein Mann und ich nach Island aus. Da wir nun keine Katzen mehr hatten, stand uns die Welt offen und wir waren abenteuerlustig genug, um diesen Schritt zu wagen. Wir bezogen erst einmal ein winziges Apartment von gerade einmal dreißig Quadratmeter, also im Grunde ein besseres Wohnklo. Dennoch fühlten wir uns sauwohl, denn wir hatten alle unsere persönlichen Sachen und auch ein paar Möbel per Schiff anliefern lassen. Beide konnten wir in unseren Jobs arbeiten – mein Mann als Elektriker, ich in einem Seniorenheim. In jeder freien Minute erkundeten wir unsere neue Heimat, blieben manchmal auch über Nacht fort. So waren wir eigentlich ganz froh, dass wir keine Tiere besaßen, um die wir uns kümmern mussten. Außerdem wäre die Wohnung viel zu klein für Katzen gewesen.

Aber es gibt schließlich noch andere Tiere, die nicht so viel Platz brauchen. Schon nach einiger Zeit fehlten uns pelzige Mitbewohner. Wenn man so lange mit Tieren zusammengelebt hat, gewöhnt man sich daran, dass da immer noch irgendetwas Felliges herumwuselt. Zuerst dachten wir an einen Hund. Den hätten wir auf unseren Ausflügen locker mitnehmen können. Aber was sollte das Tierchen machen, wenn wir den ganzen Tag arbeiten waren? Keine gute Idee. Durch Billy wusste ich, was Hunde mit Langeweile so alles anstellen und ich hing einfach zu sehr an meinen Schuhen, als dass ich sie einem zerstörungswütigen Hund überlassen hätte.

Also keinen Wuff. Zufällig fuhren wir an einer Tierhandlung vorbei und wollten nur mal gucken. Zoohandlungen sind ja das Ikea für Tierverrückte. Man kann dort nicht hineingehen, ohne irgendetwas mitzunehmen. In unserem Fall waren das drei junge Mäusemänner, nebst zweistöckigem Käfig und diversem Mobiliar.

Ein kleiner Tipp am Rande: Holzmöbel für Nager sehen zwar toll aus, verwandeln sich aber über Nacht in Sägespäne. Stahl wäre wohl der bessere Baustoff gewesen, aber daran verdienen natürlich die Hersteller von Nagermöbel nichts.

Wie dem auch sei, wir waren glücklich mit unseren neuen Mitbewohnern, die wir Speedy, Bob und Whitie tauften. Auch wenn man mit Mäusen nicht wirklich kuscheln kann, es war lustig, ihnen bei ihrer täglichen Arbeit zuzusehen.

Auf meiner Arbeitstelle sprach es sich natürlich schnell herum, dass ich eine Tiernärrin bin und so kam es, dass ich im Januar 2010 von einer Kollegin gefragt wurde, ob ich eine kleine Katze aufnehmen könnte. Wir waren kurz vorher in eine schöne große Wohnung in Keflavik gezogen, hatten die Insel mehr als nur einmal umrundet und ich hatte gerade wieder mit dem

Schreiben angefangen, sodass wir wieder mehr Zeit zu Hause verbrachten.

Ich bat um etwas Bedenkzeit – die ganze zehn Minuten dauerte – rief meinen Mann an und fragte ihn, was er von der Katzenidee hielt. Er sagte sofort zu. Er vermisste das Zusammenleben mit Katzen genauso wie ich auch, also sagte ich meiner Kollegin, wir würden das Baby am nächsten Tag bei ihr abholen.

Gesagt, getan. Am nächsten Tag fuhren wir los, um unsere neue Mitbewohnerin zu uns zu holen. Meine Arbeitskollegin begrüßte uns an der Türe, ein winziges schwarzes Etwas im Arm. Und wenn ich winzig schreibe, dann meine ich winzig. Die kleine Maus war nicht älter als sieben Wochen, eigentlich noch viel zu jung, aber ihre Mutter wollte nichts mit ihr zu tun haben. Und da sie so oder so wegsollte, konnten wir sie auch nehmen.

Auf der Rückfahrt wurde uns schnell klar: Das ist ein Wirbelwind. Wir tauften die kleine Isländerin Mika, jedoch bekam sie schnell den Beinamen El Diabolo. Das kam daher, weil Mini-Madame dachte, sie müsse mich täglich anfallen, und zwar so, dass mir teilweise das Blut die Waden herunterrann. Vielleicht aber auch deswegen, weil sie in der Nacht vom 31.10. geboren wurde. Sie war also ein richtiger Halloweenschreck. Wir wurden später die besten Freundinnen, aber damals steckte wirklich ein kleiner Teufel in ihr.

Die Lieblingsbeschäftigung des pechschwarzen Wusels bestand in der Hauptsache darin, Dinge anzufallen oder zu zerstören. Teppiche wurden mehrmals täglich windelweich geprügelt, Klo- und Küchenrollen auseinander gefetzt, bis nur noch Konfetti übrig blieb, Füße mussten zur Raison gebracht werden, indem man sie mit spitzen Zähnchen bearbeitete. Gerne spielte Mika auch *R2D2* – den lustigen Druiden aus *Star Wars*. Dafür kroch sie unter einen Karton und rannte damit durch die Wohnung.

Da sie noch so klein war und von ihrer Mutter nicht wirklich viel gelernt hatte, guckte sie sich gewisse Dinge von uns ab. Kekse essen zum Beispiel. Mika hockte sich vor uns auf den Wohnzimmertisch, nahm ein Stück Gebäck zwischen die Vorderpfoten, saß auf ihrem Popo und knabberte den Keks wie ein Eichhörnchen. Nicht, dass sie ihn mochte, sie wollte es einfach nur probieren.

Ihren ersten Milchzahn verlor sie, als sie wieder einmal ein Stofftier verprügelte und daran herumnagte. Der Zahn steckte plötzlich im Stoff und ich habe ihn bis heute verwahrt. Aber Mika konnte nicht nur gut toten Gegenständen ihre angeborene Wikingerstärke zeigen. Unsere Nachbarin besaß drei Hunde, zwei davon Rottweiler, die die Größe von Kälbern aufwiesen. Zum Glück hatten sie das Gemüt eines Plüschteddys und waren Katzen gewöhnt. Die Hunde kamen gerne ohne Einladung in unsere Wohnung – in Island hat man es nicht so mit verschlossenen Türen – und holten sich entweder Leckerchen oder Streicheleinheiten ab. Als sie eines Tages wieder nichtsahnend in der Küche standen, bemerkte Mika die ungebetenen Gäste und aus einer neun Wochen alten Katze, wurde ein furchtloser Tiger. Der Schwanz, der immer noch Stöckchengröße besaß, wurde plötzlich zur Mini-Klobürste. Dazu ein Buckel, der an einen sanften Hügel erinnerte und den mordsgefährlichen Seitwärtsgang, der Katzen natürlich sehr imposant wirken lässt. Mit einem Babyfauchen stand sie vor den Riesenhunden, die einen stoisch glotzenden Blick aufgelegt hatten. Man sah ihnen an, dass sie überlegten, Mika als kleine Zwischenmahlzeit zu genießen oder sie einfach zu ignorieren. Sie taten Zweiteres und dackelten zu ihrem Frauchen. Mika ließ noch ein entrüstetes, kraftpumpendes Schnauben hören und war glücklich, die Gefahr gebannt und uns beschützt zu haben.

Als das schwarze Teufelchen gemerkt hatte, dass sie sogar Hunde in die Flucht schlagen konnte, nahm sie sich weiterer Eindringlingen an. Unseren Mäusen! Deren Käfig stand stabil auf einem Extratisch im Wohnzimmer und Mika war immer noch so winzig, dass wir uns nichts dabei dachten. Es war bisher ihr eigenes Katzenkino gewesen, denn sie saß stundenlang vor dem Käfig und beobachtete die fleißigen Mausemannen bei ihrer täglichen Arbeit. Bis eines

Nachts, in der wir durch einen lauten Knall aus dem Schlaf fuhren. Es ist uns bis heute unbegreiflich, wie sie das angestellt hat, aber Mika schaffte es, den Käfig vom Tisch zu werfen, sodass er kopfüber auf dem Boden lag. Gott sei Dank, war er stabil gebaut, aber die Mäuse und das komplette Interieur war ordentlich durchgeschüttelt worden. Natürlich stand unser Unschuldsteufelchen daneben und war sich keiner Schuld bewusst.

Ein anderes Mal vergaß ich, meinen Laptop komplett zuzuklappen, bevor wir das Haus verließen. Ein Fehler, wie ich hinterher entsetzt feststellen musste. Mika hatte die Zeit unserer Abwesenheit genutzt, um den Laptop auf seine Sonnenbank-Qualitäten zu überprüfen. Oder sie wollte testen, wie sich ein Toastbrot fühlt, wir werden es nie erfahren. Jedenfalls lag Madame auf der Tastatur, den Bildschirm über sich und hatte es irgendwie geschafft, den Laptop einzuschalten. Lange Rede, kurzer Sinn: Es waren Einstellungen vorgenommen worden, die wir nicht mehr nachvollziehen konnten und seitdem hüllte sich der Bildschirm in elegantes Schwarz.

Es war übrigens nicht das einzige technische Gerät, welches Mika für ihre Weltherrschaftspläne nutzte. Der Laptop meines Mannes musste auch dran glauben, nur hatte sie wohl eingesehen, dass man besser Nachrichten absetzt, wenn das Gerät bereits fachmännisch von Menschenhand in Betrieb genommen wurde. Mein Mann war auf Facebook unterwegs, verließ kurz den Raum und Mika nutzte die Gelegenheit, huschte über die Tastatur, und zwar so geschickt, dass auf der Chronik meines Mannes die bedeutungsschwangere Botschaft *e3f8q* zu lesen war. Jeder seiner Freunde sah diese Benachrichtigung, von der wir nicht wissen, ob sie für eine obskure Katzensekte oder ähnlicher Organisation abgesetzt wurde.

Mika war etwa drei Monate bei uns und wir stellten fest, dass sie sich zwischendurch ziemlich langweilte. Durch meinen Schichtdienst war zwar fast immer irgendjemand zuhause, aber ihr fehlte ein Kumpel, dem sie pausenlos auf der Nase herumtanzen konnte. Ein deutscher Bekannter, der ebenfalls in Island und in der näheren Umgebung lebte, kam auf die glorreiche Idee, uns mit seinem Kater zu besuchen. Er war ganz vernarrt in Mika und hätte gerne Nachwuchs von ihr und seinem Kater gehabt. Leider sah Mika das völlig anders. Erstens war sie überhaupt noch nicht am anderen Geschlecht interessiert und zweitens war ihr der Burschi wohl nicht männlich genug. Als der Kater durch die Wohnung lief, war alles in Ordnung, doch als er Mika erblickte, versteckte er sich augenblicklich hinter dem Schrank, wo er den Rest des Aufenthaltes sitzenblieb. Mika gefiel das natürlich so richtig gut. Wieder jemand, der vor ihrer *imposanten* Erscheinung die Flucht ergriff. Ich glaube, dies war der Tag, an dem ihre Abneigung gegen Kater geboren wurde.

Wir sahen ein, Katerchen war nicht der richtige Spielgefährte für El Diabolo, also sagten wir unserem Bekannten, er möchte sich doch bitte umhören, ob nicht jemand Kätzchen abzugeben hat. Es dauerte ganze drei Stunden, als unser Telefon klingelte und ich mit einem mir völlig fremden Mann sprach, der mir etwas von Katzen erzählte. In Island kennt immer irgendjemand jemanden, der jemanden kennt, der das Gesuchte haben könnte. Ansonsten telefoniert man eben quer über die Insel, bis man das Gewünschte gefunden hat. In unserem Fall war es aber so, dass der Fremde bei dem Bekannten im Dorf lebte und mir sagte, er hätte tatsächlich zwei Kitten im Alter von etwa drei Monaten.

In seinen Worten: »Die wurde irgendwann vor Ostern geboren.«

Ein Blick auf den Kalender und ich habe mir das Alter selbst zusammengereimt. Da dummerweise unser Auto kaputt war, konnten wir an dem Tag leider nicht zu ihm, um uns die Katzen anzugucken, aber Isländer haben für alles eine Lösung, vorausgesetzt, man bewahrt die Ruhe. Er erklärte mir, dass ein Baby ein dreifarbiges Mädchen war und der andere Puschel ein schwarz-weißer Kater. Da wir ja Mikas Sympathie für Kater kannten, antwortete ich, dass wir an dem Mädchen interessiert wären.

»Gut«,, meinte er, »ich bin gleich bei euch.« Gespräch beendet.

Ich hatte nicht einmal einen Namen von dem Typ und er wusste scheinbar, wo wir wohnten. Isländische *Stille Post.*

Tatsächlich stand er ein paar Stunden später vor unserer Haustüre, auf dem Arm ein wuscheliges Etwas mit Knopfaugen, das irgendwie Ähnlichkeit mit einem explodierten Wattebausch aufwies. Dass wir es hier nicht mit einer einfachen Hauskatze zu tun hatten, sah man auf den ersten Blick. Er konnte uns aber zur Rasse nichts sagen, nur, dass die Babys am Strand hinter seinem Haus geboren wurden.

Ich nahm ihm das bunte Fellknäuel ab und er verschwand, ohne weitere Informationen von uns haben zu wollen, ob es der Katze auch gut gehen würde. Wenn die Isländer etwas über jemanden in Erfahrung bringen wollen, sind sie gewitzter als die *NSA* und so war ich mir sicher, er hatte bereits alle nötigen Infos über uns.

Gut, da standen wir also. Das Wuscheletwas begann sich zu regen und wollte von meinem Arm hinunter. Ich setzte sie auf den Boden und wir konnten jetzt endlich die ganze Pracht bewundern. Ihr Fell war silbergrau, weiß und goldbeige gemischt und stand in alle Richtungen ab. Der Kopf war leicht rundlich, die Augen kugelrund und bernsteinfarben und an den Ohren hatte sie kleine Luchspinsel. Wir nannten sie Nuri, was hebräisch ist und Lumpenpüppchen bedeutet. Der Name passte irgendwie.

Mika, jetzt ein halbes Jahr alt, kam natürlich direkt neugierig angelaufen, um sich den neuen Mitbewohner anzusehen. Doch Nuri dachte gar nicht daran, sich zur Schau zu stellen, und verschwand ins Schlafzimmer.

Kapitel 12
Die Katze, die in der Sockenschublade leben wollte

Tja, Nuri war da. Aber irgendwie auch nicht. Dieses Kätzchen fand uns total blöd und keiner von uns bekam einen Zugang zu ihr. Mika schaute uns an, als wollte sie sagen: »Was soll das sein? Was ist das?«

Nuri zog in meine Sockenschublade. Sie fauchte Mika an, wenn diese sich ihr näherte, lief dann aber total selbstbewusst an ihr vorbei, um zu fressen oder zum Klöchen zu gehen. Das brauchten wir ihr gar nicht zu zeigen, sie wusste direkt, was und wo sie es zu tun hatte. Wir hatten uns ein adeliges Tier ins Haus geholt. Prinzessin Nuri.

Manchmal saß sie stundenlang auf dem Klo, wenn Mika beschlossen hatte, Wache an der Tür zu schieben. Sie wollte die Prinzessin unbedingt aus der Reserve locken, was aber geflissentlich ignoriert wurde. Ich durfte Nuri nach einiger Zeit streicheln, aber nicht, bevor sie meine Finger abgeschnüffelt, abgeleckt und noch einmal inspiziert hatte. Das hat sie übrigens ihr Leben lang getan. Nach dem Streicheln musste sie sich stundenlang putzen. Wir merkten schnell, Putzen war das, was sie am liebsten tat. Sich, Mika und uns. Alles wurde dreimal chemisch gepeelt und gereinigt. So sauber waren wir noch nie!

Nach vierzehn Tagen kam sie von ganz alleine abends ins Wohnzimmer, wo sie fast schon arrogant fauchend an Mika vorbeistolzierte und sich zu meinen Füßen setzte. *Gut*, dachte ich, *anfassen ist nicht so ihr Ding, vielleicht will sie spielen.* Also nahm ich einen Flummi, auf den Mika ganz besonders stand, und begann mit beiden Katzen zu spielen. Oder besser, Mika hechelte wie eine Verrückte dem Ball hinterher, schoss ihn zu mir zurück und sah Nuri herausfordernd an. Die saß nur da, mit einer Miene, die besagte: »Das ist dermaßen unter meiner Würde. Ich kann mich nur wundern, dass jemand an solchen Banalitäten Gefallen findet.«

Mika und ich waren irgendwann völlig aus der Puste und ich versuchte etwas anderes. Wolle! Katzen und Wolle gehören so zusammen, wie Schafe und Wolle. Alle Katzen, außer Nuri. Sie saß vor dem Knäueln, die hübschen Knopfaugen fragend auf mich gerichtet und ich gab's auf. Schließlich verschwand sie wieder in ihrer Sockenschublade.

Weitere zwei Wochen später wurde ich nachts geweckt, weil mir etwas Weiches um die Nase strich. Mika kam nie ins Bett, sie mochte es ganz einfach nicht. Nach all den Jahren Bettkampf mit Cleo und Cäsar hatte ich endlich eine Katze, die meine Gesellschaft in der Nacht nicht bevorzugte. Also wunderte ich mich doppelt über den weichen Pelz, der da meine Nähe suchte. Es war Nuri. Ganz zaghaft kuschelte sie mit mir, aber nur, solange ich das Kuscheln nicht erwiderte. Als ich sie anfasste, verschwand sie wieder. Sie werden es erraten: in die Schublade.

Am nächsten Tag spielten Mika und ich wieder mit dem Flummi und Nuri wagte sich aus ihrer sicheren Festung und sah uns zu. Natürlich total desinteressiert. Mika und mir war das egal, wir liebten unsere Tobestunden. Ich ließ den Flummi übers Parkett hüpfen, Mika fing ihn und rollte ihn zu mir zurück. Doch dann schubste sie den Ball in Nuris Richtung und versteckte sich hinter der Tür. Ich merkte, dass Mika sie zum Spielen aufforderte und hielt mich zurück. Nach einer gefühlten Ewigkeit schnüffelte Nuri an dem Flummi, schob ihn mit einer ihrer Riesentatzen vor sich her, um ihn dann mit Schwung zu Mika zu katapultieren. Dieser simple Ball für einhundert Kronen brach das Eis. Plötzlich tobten beide Katzen wie die Verrückten durch die Wohnung und Prinzessin Nuri zeigte sich endlich von einer ganz anderen Seite. Sie war auch weiterhin ein absolutes Sensibelchen und ein Putzteufel, aber sie war endlich angekommen. Auch wenn sie bemüht war, stets die Contenance zu wahren, verfiel sie einmal am Tag in einen regelrechten Wahnsinn. In diesen Minuten hieß es Beine hoch, alles Zerbrechliche aus dem Weg räumen und Nuri einfach nur rennen lassen. Trotzdem ging bei der geballten Plüschpower das ein oder andere Stück zu Bruch. Besonders gerne klaute sie Popcorn, wenn wir abends Filme sahen. Nuri liebte Popcorn. Sie probierte sowieso gerne alles, was ihr vor Nase kam. Alles wurde abgeleckt. Auch später, als wir wieder in Deutschland lebten und die Katzen die Freiheit eines Gartens genießen konnten, leckte Nuri alles ab. Sogar Nacktschnecken. Sie schüttelte sich kurz und leckte wieder. Dazu aber später mehr.

Ihre anfängliche Schüchternheit wich zusehends und sie entwickelte sich zu einem richtigen Sonnenschein. Nuri war einfach nur lieb. Wenn ich den Mäusekäfig reinigte, saß sie mit dabei, beobachtete alles ganz genau oder schleckte die drei Kerle ab. Manchmal saß sie auch mit im Käfig, alles ohne den geringsten Jagdtrieb. Dafür kletterte sie sehr gerne, und zwar richtig gut. Keine Türe war vor ihr sicher. Überall sprang sie hinauf, um uns aus der luftigen Höhe zu beobachten. Wie wir von unserer ansässigen Tierärztin erfuhren, war Nuri ein Mix aus Norwegischer Waldkatze und Britisch Kurzhaar. Eine lustige Mischung für eine Isländerin, aber sie war einfach nur bildschön. Mit Mika verstand sie sich wunderbar – solange sie machte, was Mika wollte. Unsere schwarze Hexe gab stets den Ton an, daran hatte sich bis zum Schluss nichts geändert.

Was Nuri auch sehr gut konnte, war apportieren. Immer wenn wir ihr Stoffmäuschen wegwarfen, rannte sie hinterher und brachte es zurück. Unermüdlich. Sie liebte dieses Stofftier so sehr, dass sie es überall mit hinschleppte. Ohne Stoffmaus ging Nuri nirgendwo hin.

Sie war auch diejenige, die sich an Silvester vor unsere Panoramascheibe hockte und sich das Feuerwerk ansah. Während andere Tiere bei dem Lärm panisch werden, genoss Nuri die vielen bunten Lichter. Typisch Isländerin, denn Silvester in Island ist ein Spektakel, was es wohl so kein zweites Mal auf der Welt gibt.

Ein paar Monate später verstarb Bob, einer der Mäuse. Nur wenige Wochen folgte Whitie. Speedy wurde später eingeschläfert. Sie waren fast drei Jahre alt geworden, in denen sie uns viel Spaß, noch mehr Dreck gemacht und mehrere Kubikmeter Holz vernichtet hatten. Ich hoffe, es gibt irgendwo so was wie einen Mäusehimmel, wo sie ganze Wälder zernagen können.

2011 entschieden wir uns schweren Herzens, zurück nach Deutschland zu gehen. Die Finanzkrise hatte Island schwer erschüttert und mein Mann fand einfach keinen Job mehr. Wir kamen mit einem Container voller Möbel und gingen mit zwei Katzen.

Kapitel 13
Fliegende Katzen

Im Juni 2011 war es soweit. Die Mädels waren geimpft und gechipt worden und bekamen für die Reise ein Sedativum. Mein Mann war bereits sechs Wochen vorher geflogen, sodass ich mich um den Rest alleine kümmern musste. Unter anderem auch um sicheres Geleit für die Katzen. Mir schlug das Herz bis zum Hals und ich schlief die Nacht vor dem Flug nicht eine Stunde.

Als das Taxi uns zum Flughafen brachte, war es endgültig. Ich sagte Island auf Wiedersehen und Danke für drei wunderschöne Jahre. Mit gemischten Gefühlen, von denen die Trauer überwog, meldete ich mich beim Terminal von Iceland Air, um die Mädels einzuchecken. Die Stewardess und der Cargomitarbeiter waren sehr nette Menschen, die meine Aufregung spürten und mich beruhigten. Von meinen Süßen hörte ich nicht einen Mucks. Mika war sowieso nicht die Gesprächigste und Nuri konnte gar nicht miauen. Sie hat immer nur das Mäulchen aufgerissen, doch es kam nie ein Ton heraus.

Die beiden felligen Passagiere wurden also mitgenommen und ich war zum ersten Mal an diesem Tag etwas erleichtert. Was hätte ich auch anderes tun sollen? Ich konnte sie schlecht in Island lassen, also mussten sie da jetzt durch. Eigentlich bin ich davon überzeugt, dass ich wesentlich aufgeregter war, als die Katzen.

Es war ein Nachtflug, sodass ich am nächsten Morgen um halb sechs in München landete. Ich bin ja eher kein flugbegeisterter Mensch und war froh, dass es das Wetter gut meinte und es keine Turbulenzen gab. Das sah auf meinem Hinflug drei Jahre zuvor ganz anders aus. Da dachte ich nämlich kurzzeitig über Schottland, ich würde mein Leben aushauchen. Aber gut, es geht ja hier um Katzen und nicht um Flugangst.

Es lief alles ganz problemlos. Man drückte mir die Körbchen in die Hand, beide waren wohlauf und schauten sich neugierig um. Den Katzen ging es besser als mir!

Am Ausgang wartete mein Mann und nahm uns in Empfang. Und endlich miaute Mika. Ein fröhliches Wiedersehenmiau. Ja, wir waren alle froh, dass der Stress vorbei war. Doch so wirklich stimmt das jetzt nicht, denn unser Weg führte uns wenig später noch etwas weiter.

Kapitel 14
Katzen und das große Gartenglück

Nachdem wir ein halbes Jahr bei München gewohnt und uns überhaupt nicht wohlgefühlt hatten, beschlossen wir, erneut umzuziehen. In Unterfranken fanden wir ein gemütliches Häuschen mit Grundstück. Recht abgelegen auf einem Dorf, mit jeder Menge Platz für Gemüseanbau und Auslauf für die Katzen. Im November packten wir also ein weiteres Mal unsere Sachen und begaben uns auf große Fahrt.

Während Mika ihren Unmut, schon wieder in das verhasste Körbchen steigen zu müssen, damit kundtat, indem sie mir den halben Unterarm blutig kratzte, freute sich Nuri scheinbar auf das neue Abenteuer. Freiwillig schlüpfte sie in den Korb, machte es sich auf der Decke bequem und guckte mich erwartungsvoll mit ihren Kulleraugen an. Ja, Nuri war definitiv die Ausgeglichenere von den beiden. Das machte sich auch während der dreistündigen Fahrt bemerkbar. Sie fand es total spannend, die Autos auf der Autobahn zu beobachten. Keine Spur von Angst. Autofahren machte Nuri Spaß. Mika warf mir allerdings ihren mörderischen Blick zu und ich wusste, sie schmiedete schon wieder böse Rachepläne. Mika war immer eine ganz große Dramaqueen und ich ignorierte ihre Anwandlungen meistens.

Nachdem wir im Haus angekommen waren, durften die Katzen endlich ihr neues Königreich begutachten. Besonders spannend fanden sie die Treppe, die ins Obergeschoss führte. Klar, endlich konnten sie ihre Verrücktheiten auf zwei Etagen ausleben. Bevor sie allerdings in den Garten durften, mussten sie sich ein paar Wochen an die neue Umgebung gewöhnen.

An einem kalten Januartag war es dann endlich so weit. Wir wollten die Biester in die Freiheit entlassen. Zuerst nahmen wir sie auf den Arm und machten gemeinsam einen Rundgang durch den Garten. Nuri hatte nur eines im Blick: die vielen hohen Bäume. Als wir sie absetzten, wagten sie ihre ersten vorsichtigen Schritte auf dem ungewohnten Untergrund. Obwohl aus Island, waren beide nicht unbedingt Schneefans – noch nicht. Als Mika jedoch herausfand, wie toll man sich darin wälzen kann und wie lustig geworfene Schneebälle sind, gab es für sie kein Halten mehr. Sie rannte kreuz und quer durch die weiße Pracht, den Schwanz im Antennenmodus hoch aufgestellt und hinterließ einen Graben neben dem anderen. Nuri tat das, was sie am besten konnte. Klettern. Endlich durfte unsere isländische Norwegerin ihren Trieb ausleben und dafür suchte sie sich natürlich die riesige Birke aus, die mitten auf der Wiese stand. Der wunderschöne Baum war etwa zwanzig Meter hoch und Nuri bezwang ihn mit einer Geschwindigkeit, dass mir schwindelig wurde. Ebenso schnell huschte sie auch wieder hinunter. Mikas Kletterversuche waren dagegen eher bescheiden. Sie konnte nie gut springen oder klettern, dennoch versuchte sie sich an den niedrigen Apfelbäumen und war stolz wie Oskar, als sie es bis zu den unteren Ästen schaffte. Dafür besaß sie andere Fähigkeiten. So pummelig und behäbig Mika auch anmutete, sie war pfeilschnell und fing alles, was nicht bei drei in einem Loch verschwunden war. Wir hatten nie ein Mäuseproblem, denn Mika rottete ganze Generationen von den Nagern aus. Und nicht nur in unserem Garten, nein, sie sorgte auch dafür, dass die Nachbarfelder mäusefrei blieben. Manchmal lieferte sie uns auch Rotkehlchen, Blindschleichen oder Salamander. Mika spürte sie alle auf.

Nuri hingegen war ein Träumerle und mochte es gerne, wenn die Tiere noch lebten. So brachte sie mir täglich irgendeine Überraschung ins Haus – aber lebend. Ich kann die Mäuse nicht mehr zählen, die unter unsere Couch gehuscht waren oder Blindschleichen, die panisch durch die Küche schlängelten.

Oft saß Nuri stundenlang einfach nur auf der Wiese und beobachtete Schmetterlinge. Sie lebte irgendwie in ihrer eigenen kleinen Nuriwelt. Als die Katzen sich besser eingelebt hatten, ging sie allerdings auf Wanderschaft. Unser riesiges Grundstück reichte ihr nicht mehr, also sprang sie über den Zaun, rannte über die Straße und hielt sich auf dem gegenüberliegenden

Feld auf. Dort sah es nicht anders aus als bei uns und sie tat dort auch nichts anderes, als in unserem Garten. Herumsitzen und irgendwas beobachten. Aber scheinbar waren die Schmetterlinge dort bunter und das Gras grüner, wir haben das nur nicht verstanden. Der Horizont eines Menschen ist ja im Gegensatz zu der einer Katze eher beschränkt. Ich vergesse diese Tatsache leider immer wieder. Nichtsdestotrotz musste auch Nuri ihre Lektion lernen, und zwar die, dass Ohren nicht nur dafür da sind, damit der Kopf nicht so nackig aussieht.

Mein Mann und ich besaßen nur ein Auto, weswegen wir versetzte Arbeitszeiten hatten. Er arbeitete regulär über Tag und ich als Dauernachtwache in einem Seniorenheim. Wenn ich morgens nach Hause kam, konnte er losfahren. Eigentlich hatten wir die Regel aufgestellt, dass alles mit vier Beinen um spätestens neunzehn Uhr im Haus zu sein hat. Die beiden Mädels hörten einfach nicht gerne auf meinen Mann, deswegen wollte ich, dass sie vor meinem Arbeitsbeginn reinkamen. An einem lauen Sommerabend dachte Nuri aber gar nicht daran, in heimische Gefilde zurückzukehren, egal, wie oft mein Mann nach ihr rief. Wir besitzen eine tolle Kopflampe, die Katzenaugen im Dunkeln wunderbar erstrahlen lässt. Sie können sich nicht verstecken, wir finden sie immer und überall. Mein Mann lief also mit dieser Lampe durch den

Garten, entdeckte Nuri und versuchte sie zu locken. Doch selbst Kochschinken wurde ignoriert. Er ging einen Schritt auf sie zu, Nuri rannte fort. So ging das bis Mitternacht. Er rief mich zwischendurch an und klagte sein Leid, natürlich forderte ich ihn auf, solange aufzubleiben, bis Prinzessin Nuri rein wollte. Als sie gegen zwei Uhr in der Nacht noch nicht zu sehen war, kapitulierte er. Nuri musste bei den Füchsen und Waschbären schlafen. Als ich am nächsten Morgen von der Arbeit kam, saß mein Schätzchen völlig erledigt und ausgehungert vor der Türe und wartete auf mich. Meinen Mann traf das völlige Unverständnis meinerseits und Nuri verschlief den Tag mit mir.

Wir hatten im Laufe der Jahre immer mal wieder jemanden, dem vierzehn Stunden Freiheit nicht genügten und die daher ihre Grenzen austesteten. Aber alle haben es nur einmal gemacht, denn sie haben wohl im Nachhinein festgestellt, dass es nachts im Haus einfach kuscheliger ist. Okay, nicht wirklich alle, aber dazu später. Einzig Mika hatte nie solche Eskapaden. Meistens reichte ein Pfiff oder Ruf und sie kam angedackelt. Wir hatten ein Ritual. Im alten Haus stand im Garten eine Bank, wo sich Mika immer draufsetzte und wartete, bis ich sie abholte. Danach war es eine Scheune, die sie als ihren neuen Lieblingsplatz erkoren hatte und von wo ich sie abends einsammelte. Es wäre ja auch zu viel verlangt gewesen, wenn die Chefin hätte selbst laufen müssen.

Kapitel 15
Kater CVJM

Unsere Katzen sind immer wohlbehütet, aber natürlich gibt es auch die, die niemand haben will und um die sich nicht gekümmert wird. In einer Gesellschaft, in der man sich selbst der Nächste ist und das Mitgefühl sich sogar für die eigene Spezies in Grenzen hält, sind Tiere etwas, was gerne übersehen wird.

In unseren Garten gesellten sich nach einiger Zeit zwei Buben, die auf der Suche nach Futter waren. Die beiden waren prächtige Kater, die wir Sir Lancelot und Gigolo tauften. Lancelot war pechschwarz, mordsmäßig groß und hatte augenscheinlich schon so einige Revierkämpfe hinter sich. Er war sozusagen der Dorfpate. Eines seiner Ohren war nach innen geknickt, sein Gesicht ähnelte Scarface und auch in seinem Fell befanden sich diverse Macken und Narben. Gigolo hingegen war ein schwarz-weißer Womanizer, der sogar die grantige Mika um die Pfote wickelte. Er war so zutraulich, dass er bereits am ersten Tag hoch erhobenen Schwanzes ins Haus stiefelte und sich umsah. Er guckte sich später sogar einen Schlafplatz im Ankleidezimmer aus und wurde merkwürdigerweise von den Mädels geduldet.

Lancelot hingegen war nur auf Krawall aus. Nuri besaß ein sehr soziales Wesen und wäre nie auf den

Gedanken gekommen, gegen andere Katzen die Pfoten zu erheben. Irgendwie schien der stramme Lancelot ein Problem mit der Plüschprinzessin zu haben, denn jedes Mal wenn sie sich begegneten, jagte er sie. Doch Nuri war ja gut beschützt, und zwar von Mika. Eines Tages sah Mika, wie der Kater Nuri angriff. Augenblicklich sprintete sie los, befreite Nuri und brachte sie sicher ins Haus. Dann aktiverte sie wieder den Tiger im Tank, raste zu Lancelot und prügelte den fast doppelt so großen Kater quer durch den Garten, bis er fluchtartig über den Zaun das Weite suchte.

Auch bei unseren späteren Neuzugängen übernahm Mika die Rolle der Beschützerin. Egal wie groß ihre Gegner waren, Mika nahm es mit jedem auf. Trotz der Ohrfeigen kam Lancelot am nächsten Tag wieder. Neben ihm und Gigolo fanden sich bald zwei weitere Kater ein, die wir Herr Mutz und Grumpy nannten. Beide waren sehr verwahrlost und ängstlich, doch nach ein paar Wochen gelang es mir, dass sie mir vertrauten und sich anfassen ließen. Die meiste Zeit lief es recht harmonisch ab, obwohl Mika nach wie vor nicht viel vom männlichen Geschlecht hielt und sich immer mal wieder mit einem der Burschen prügelte. Einmal kam sie laut jammernd herein und präsentierte mit ihr rechtes Ohr, aus dem etwas Blut tropfte. Sie starb bald tausend Tode, angesichts dieser kaum wahrnehmbaren Wunde, aber es war ihre erste Kriegsverletzung, der ich natürlich meine komplette Aufmerksamkeit zollte. Als

Abends mein Mann heimkam, erzählte ich ihm direkt vom Mut unserer Katze und als er Mika trösten wollte, ließ sie sich in Zeitlupe auf dem Fußboden nieder und rollte sich auf den Rücken. Der mikroskopisch kleine Kratzer war selbstverständlich am nächsten Tag vergessen und sie prügelte sich munter weiter.

Aber die Kater hatten ihre Vorzüge. Des Öfteren wurden wir nachts Opfer von Waschbärüberfällen. Die putzigen Banditen krochen regelmäßig in unseren Schuppen und räumten die *Gelben Säcke* aus. Dank der Kater, die nachts Patrouille liefen, hatten wir bald unsere Ruhe vor den Bärchen. Unsere Mädels revanchierten sich, indem sie Mäuse fingen, sie auf die Terrasse legten und die Kater konnten einen kleinen Snack zwischendurch genießen.

Dann kam der Tag, an dem nur noch Grumpy erschien. *Gut*, dachten wir, *das ist bei unkastrierten Katern nicht ungewöhnlich, also warten wir ab.* Als nach einer Woche immer noch keiner der anderen aufgetaucht war, machte ich mir Sorgen und fragte im Dorf nach, ob jemand die Kater gesehen hatte oder ob noch andere Katzen verschwunden waren. Man hört ja viel von Katzenfängern und diese Vorstellung fand ich ganz furchtbar. Leider hatte niemand eine Information für mich, sodass ich den Suchradius ausweitete und mich auf die Nachbardörfer konzentrierte.

Unsere Kater fand ich zwar nicht, aber dafür einen kleinen Kobold.

Kapitel 16
Ein Kobold namens Pebbels

Im Nachbardorf lag ein Hof genau an der Hauptstraße, und zwar so, dass vor dem Haus eine Kurve vorbeiführte. Niemand hielt sich an die Geschwindigkeitsbegrenzung innerorts, weswegen immer mal wieder tote Tiere im Graben lagen.

Ich hielt also vor diesem Hof, klingelte an der Haustüre und fragte nach den Katern. Während ich mit der Frau sprach, sah ich aus dem Augenwinkel, wie ein kleines Etwas fröhlich Richtung Straße tapste. Instinktiv rannte ich hinterher und kurz bevor die Minikatze auf die Straße laufen konnte und somit beinahe von einem heranfahrendem Auto erwischt wurde, schnappte ich sie mir. Das kleine schwarz-weiße Wesen mit der rosa Schnute begann augenblicklich zu schnurren und ich war verliebt. Mit der Katze auf dem Arm ging ich zurück zum Haus, um das Gespräch fortzusetzen, als die Bauersfrau plötzlich sagte:

»Das war ja knapp. Die drei Geschwister sind schon Plattgefahren worden, wenn Sie wollen, können Sie die behalten.«

Ich fand diese Aussage so kaltschnäuzig, dass ich gar nicht lange überlegte. Ich packte das immer noch schnurrende Mäuschen in den Wagen und fuhr nach Hause.

Mika und Nuri reagierten ziemlich reserviert und Nuri erst recht, als sich die Kleine unverblümt an die Futternäpfe heranmachte und alles komplett und laut schmatzend leerfraß. Nuris Blick sprach Bände. Sie selbst war doch so gesittet und penibel und jetzt setzte man ihr eine Bauernhofkatze vor, die scheinbar überhaupt keine Manieren besaß. Als der Neuzugang dann auch noch freundlich schnurrend auf sie zulief und die beiden Großen begrüßte, war der Ofen ganz aus. Mika fackelte nicht lange und schlug zu. Nuri, immer noch entsetzt, fauchte zum ersten Mal in ihrem Leben richtig böse. Das imponierte der Kleinen allerdings überhaupt nicht. Glücklich und mit einem Bauch, der an einen Fußball erinnerte, machte sie es sich auf der Couch bequem. Das war für Mika zu viel. Ohne jeglichen Respekt wagte es dieser kleine Flohbeutel, sich auf den angestammten Platz der Chefin zu setzen. Beleidigt bis ins Mark verzog sich die Dramaqueen ins Schlafzimmer und ließ sich den ganzen Tag nicht mehr blicken.

Wir tauften unser neues Baby Pebbels, riefen sie aber Pebbie. Am nächsten Tag fuhr ich mit Pebbie zum Tierarzt, weil sie Schnupfen hatte und ich sie durchchecken lassen wollte. Die Tierärztin hatte einen Heidenspaß und kam aus dem Lachen kaum noch heraus. Pebbie schnurrte unentwegt, sah sich in der Praxis alles an, hatte keine Angst vor den Hunden, die mit im Wartezimmer saßen und ich konnte sie ohne

Probleme aus dem Korb nehmen, damit sie ihre Umwelt erkunden konnte. Sie war so lustig und spitzbübisch, dass man einfach nur Freude an ihr hatte. Sie gewöhnte sich rasend schnell bei uns ein und brachte alle zum Lachen – außer Mika natürlich. Der passte das ganz und gar nicht, dass Pebbie vor Selbstbewusstsein nur so strotzte. Mika war es von Nuri gewöhnt, dass diese sich nie wehrte, wenn Mika ihre Verrücktheiten durchzog. Aber Pebbie wehrte sich! So ohne Weiteres ließ sie sich nicht hauen oder von der Couch verjagen. Manchmal provozierte sie Mika und wir schlossen Wetten ab, ob sich die Rangfolge bald änderte. Doch daran hatte Pebbie gar kein Interesse. Erstens war sie mit ihren zwölf Wochen noch viel zu klein und zweitens darf man als Chefin nicht den lieben langen Tag herumkaspern. Und das tat sie. Um fünf Uhr in der Früh ging es meist schon los. Ich brauchte gar keinen Wecker mehr, um pünktlich für die Arbeit aufzustehen, wir hatten jetzt einen Zehenbeißer. Jeden Morgen um dieselbe Zeit griff das kleine Monster unsere Füße an, wahlweise patschte sie uns auch ins Gesicht. Nuri, die grundsätzlich im Körbchen neben meiner Bettseite schlief, kapitulierte irgendwann und ließ sich mitreißen. Man konnte gar nicht anders, als das wuselige Pebbieding zu lieben, das sah auch Nuri ein. Die beiden wurden ganz dicke Freundinnen und heckten gemeinsam jede Menge Unfug aus. Nur Mika ließ sich nicht erweichen. Immer wieder versuchte sie,

Pebbie dahingehend zu erziehen, sie doch endlich als Alleinherrscherin anzuerkennen. Keine Chance. Pebbie machte, was Pebbie wollte.

Wenn ich auf der Toilette saß, musste Pebbie unbedingt dabei sein. Die Räumlichkeiten waren nicht unbedingt groß, dennoch fand sie auch hier die Möglichkeit, mich zu bespaßen. Sie machte Capoeira – eine brasilianische Kampfsportkunst, bei dem der Kampfstil mit tänzerischen Elementen unterlegt wird. Dies tat sie übrigens überall gerne. Springen und Dinge im Sprung fangen fand sie besonders toll. Aber sie war auch eine großartige Wachkatze. Lief zum Beispiel jemand an unserem Grundstück vorbei, kam sie reingeflitzt, stellte sich ans Fenster und fauchte und knurrte, bis der Feind außer Sichtweite war. Im Gegensatz zu Mika mochte sie andere Menschen nicht besonders, dafür liebte sie jegliche Arten von Gebäck.

Während die anderen sehnlichst auf Leckerlies warteten, wenn ich vom Einkauf kam, durchsuchte Pebbie die Beutel nach der Brottüte. Binnen Sekunden hatte sie sich dort hindurch genagt, um von Brot und Brötchen zu mampfen. Es war für mich immer ein Spießrutenlauf, wenn ich mal ein Stück Kuchen oder Plätzchen essen wollte. Donuts essen ging nur in einem verriegelten Stahltresor. Den hatten wir uns übrigens schon vorher zugelegt, um belagerungsfrei Thunfisch oder Forelle essen zu können.

Pebbie war beim Essen sehr unkompliziert. Sie mochte einfach alles. Bei den anderen beiden musste ich immer aufpassen, damit auch das Richtige serviert wurde. Mika mochte Futter mit Fisch nicht so gerne, dafür aber alles mit Geflügel. Nuri hingegen liebte Fisch in jeglicher Form, dafür aß sie kein Huhn. Alles kein Problem, wenn irgendetwas übrigblieb, fraß es Pebbie. Es war eine Freude, ihr dabei zuzusehen, weil sie einfach alles genoss.

Als Pebbie etwas älter wurde und es an der Zeit war, Jungs toll zu finden, bändelte sie mit Grumpy an. Der hatte seinen Namen übrigens zu Recht, denn man hörte sein Meckern schon von der Straße, bevor er überhaupt den Garten betreten hatte. Aber Pebbie störte sich nicht an dem alten Griesgram, sondern versuchte ihn mit ihrer jugendlichen Fröhlichkeit zu umgarnen. Das gelang ihr sogar. Eines Abends war die Minimadame spurlos verschwunden. Wir suchten und suchten, doch sie blieb verschwunden. Ich vermutete, sie hatte mein Gespräch mit der Tierärztin belauscht, bei dem es um ihren Kastrationstermin ging. Also machte ich mich auf die Socken über das Feld auf der gegenüberliegenden Seite, lief den Weg entlang bis zu einem Hof mit Scheune, wo Grumpy lebte. Und siehe da, die beiden Frischverliebten hockten in inniger Zweisamkeit im Heu. Ich rief Pebbie, lockte sie mit Leckerchen – sie blieb stur. Ich näherte mich, sie rannte weg. Okay, spät abends Fangenspielen, mit hübscher Kopflampe. Ich sah nur noch leuchtende Augen, als sie quer über den Hof und die Obstwiesen rannte. Das übliche Katzenspiel: Sie lief ein Stück voraus, wartete bis ich aufgeholt hatte, und lief dann weiter. Eine halbe Stunde später war mir das zu dumm und ich trat den Rückweg an. Mein Kobold allerdings dachte gar nicht daran, das Spiel zu beenden, rannte an mir vorbei und war als Erste am Haus. Tja, dumm für sie, dass sie genau dorthin sollte. Als sie drinnen ihren Fehler bemerkte, traf mich ihre fürchterliche Rache. Es wurde alles laut miauend von der Arbeitsplatte gefegt, ich wurde gekratzt und gebissen und Mika bekam eine Extraabreibung. So lustig wie sie war, so frech war sie auch. Ihre Spezialität war das gemeingefährliche Funkeln. Dabei verengte sie ihre Augen so weit, dass sie nur noch Schlitze waren, und funkelte uns mit ihren grasgrünen Augen böse an. Das wurde bei ihr zu einer Masche, denn sie wenn das tat, wussten wir, gleich kommt wieder Kasperkram. Oft verzog sie ihre rosa Schnute so, dass es aussah, als würde sie grinsen. Zwischendurch war sie aber auch bitterböse. Sie legte sich zum Beispiel grundsätzlich auf den Laptop, wenn ich daran arbeitete. Ihr Schwanz zuckte herausfordernd, sie legte den Funkelblick auf und wehe, ich kam der Katze oder der Tastatur zu nahe. Sie biss und kratzte, bis sie Blut schmeckte, fegte dann über den Tisch, nur um fünf Minuten später wieder schmusen zu wollen.

Am nächsten Tag hatte Pebbie ihren Termin beim Doktor und die Spielereien mit Grumpy fanden ein Ende. Er empfand sie nur noch als kleines, verrücktes Mädchen, was sie ja auch war.

Wie schon erwähnt, wurden Nuri und Pebbie unzertrennlich. Allerdings begleitete Pebbie sie nicht auf ihren Streifzügen über die Straße – worüber wir natürlich froh waren. Im April 2013 war der erste warme Frühlingstag des Jahres und ich verbrachte ihn mit den Katzis im Garten. Wir tobten alle zusammen und ich schoss Fotos. Hätte ich gewusst, was danach passierte, hätte ich mehr Bilder gemacht. Pebbie war etwa zehn Monate alt, Nuri war vier geworden und Mika viereinhalb Jahre alt. Es war der letzte Tag, den wir gemeinsam genossen.

Im Mai hatte ich auf der Arbeit viel zu tun. Ich arbeitete wieder im ambulanten Pflegedienst, weswegen ich ständig Doppelschichten fuhr. An einem freien Tag war ich mit dem Kopf ganz woanders, hatte Telefonate zu führen und mich um wichtiges Zeug zu kümmern. Nuri kam zu mir, strich um meine Beine und wollte Futter. Ich war aber so beschäftigt, dass ich sie etwas barsch anmaulte, sie solle noch rausgehen und bekäme später etwas zu essen. Weil Nuri so lieb war, ließ sie mich in Ruhe. Etwa zwanzig Minuten später hatte ich meinen Kram erledigt, öffnete das Fenster und rief Nuri. Dann sagte ich etwas zu meinem Mann, wir setzten uns auf die Couch und hörten plötzlich einen Schrei, den wir zuerst nicht definieren konnten, der aber durch Mark und Bein ging. Sofort liefen wir in den Garten, riefen die Katzen, bis es mir plötzlich eiskalt den Rücken hinunterlief. Panisch rannte ich zur Straße und sah ... Nuri. Tot! Jemand hatte meinen süßen Sonnenschein überfahren und den Schrei, den wir gehört hatten, stammte von ihr. Das Ganze verlief innerhalb von fünf Minuten, aber Nuri war bereits tot und wir konnten nichts mehr für sie machen. Ich war wie gelähmt, sackte auf der Straße zusammen, meine tote Katze im Arm und heulte wie verrückt. Es war einfach nicht zu fassen, dass dieses liebe Tier nicht mehr da war. Dass ich nur noch ihre wunderschöne Hülle im Arm hielt. Es war mir ganz egal, dass die Nachbarn mich anglotzten, als sei ich wahnsinnig geworden. Ich hatte das Gefühl, jemand würde mir das Herz herausreißen.

Wir nahmen Nuri mit ins Haus und legten sie auf ihre Decke. Pebbie kam angelaufen, schnupperte an Nuri, stieß sie ein paar Mal mit der Nase an, ehe sie ihr über den Kopf leckte. Sie hatte sich verabschiedet. Als Mika Nuri dort liegen sah, schaute sie panisch auf uns und suchte das Weite. Sie ließ sich den Rest des Tages nicht mehr blicken und ich hatte abends meine Not, sie ins Haus zu bringen.

Ich rief einen Tierbestatter an, der Nuri wenige Stunden später abholte, damit sie eingeäschert werden konnte.

Ohne sie war einfach alles anders. Leer und kalt. Sie hatte so viel Liebe verbreitet durch ihr Wesen, dass sie schmerzlich fehlte. Nicht nur uns Menschen, auch den anderen beiden. Mika trauerte am meisten. Sie hatte vier Jahre mit ihrer Freundin verbracht und suchte sie nun im ganzen Haus. Immer wieder stupste sie Nuris Spielmaus an, fraß nicht mehr und legte sich zusammengerollt auf die Couch, wo sie mit offenen Augen zum Kratzbaum starrte, auf dem Nuri immer gelegen hatte. Dieser wurde ab sofort sowohl von ihr, als auch von Pebbie gemieden. Er stand wie ein Mahnmal da und wurde nicht mehr beachtet.

Auch wenn sich das jetzt für viele übertrieben anhört, aber ich war die darauffolgenden Tage richtig krank. Zum Glück hatte meine Chefin Verständnis, denn sie hatte auch erst kurz vorher eine Katze auf ähnliche Weise verloren, und fühlte mit mir. Sie gab mir zwei Tage frei, damit ich das Erlebte verarbeiten konnte. Ich machte mir schlimme Vorwürfe. Hätte ich Nuri nicht weggeschickt, wäre das vielleicht nicht passiert. Aber sie war so ein Träumerle und musste ja immer über diese Straße laufen, sodass es keine Garantie dafür gab, dass es nicht doch irgendwann geschehen wäre. Im Grunde war es auch egal, sie war weg und wir mussten damit klarkommen.

Kapitel 17
Mikas Gedanken zur EM 2016

Fußball ist eine ganz besondere Sache für Menschen, aber wir haben auch Spaß, wenn der Ball im Fernseher hin und her rollt. Dieses Jahr macht auch meine alte Heimat Island mit und ich bin davon überzeugt, dass die Isländer die EM gewinnen. Warum? Ich will euch mal ein paar Fakten über die Isländer verraten, dann versteht ihr das besser.

1. Die Isländer spielen ganz viel Golf, aber am liebsten spielen sie das nachts. Die Bälle sind Leuchtebälle und das sieht total witzig aus, wenn die über den Platz geschlagen werden. Dadurch haben die Isländer natürlich viel bessere Augen.

2. Es regnet verdammt viel auf Island, aber das macht den Leuten gar nichts. Sie spielen auch im Regen Golf und dadurch, dass dieser Sommer ja komplett ins Wasser fällt und es pausenlos regnet, haben die Isländer natürlich bessere Chancen. Sie sind nasse Socken gewöhnt.

3. Die Isländer haben super abgehärtete Füße, weil die nämlich sehr gerne in Sandalen herumlaufen. Auch im Winter! Ist doch klar, dass die dann auch besser Fußball spielen, oder?

4. Es ist sehr, seeehr windig in Island. Die Isländer können super gut fliegende Dinge fangen, wie auch einen Fußball.

Heute Abend spielt Island also gegen Frankreich und mein Tipp ist ja wohl klar. Island gewinnt natürlich, weil die nämlich ganz viel Fisch essen und der viel gesünder als Froschschenkel und Schnecken ist!

Áfram Ísland, eure Exilmieze Mika!

Kapitel 18
Die Terrortwins

Nach Nuris Tod rückten Mika und Pebbie tatsächlich etwas zusammen. Gemeinsam gingen sie auf Beutezug durch den Garten und die Nachbarfelder und Pebbie lernte von Mika noch so manchen Trick beim Mäusefangen. Die neuen Nachbarn gegenüber legten sich einen Norwegerkater zu, der im selben Alter wie Pebbie war. Lustigerweise hieß er Pepper, wurde aber Peppi gerufen. Die beiden Peppies verstanden sich auf Anhieb, der kleine Kater besuchte uns täglich und spielte dann mit Pebbie im Garten. Nur Mika reagierte mal wieder mit Unbehagen und jagte den hübschen Kerl gerne zum Teufel. Ein halbes Jahr später rannte er daraufhin vor ein Auto und war leider auch tot. Mika und ich hatten also etwas gemeinsam – wir waren Schuld daran, dass jemand anders ums Leben gekommen war.

Zu dieser Zeit hatte ich eine Patientin, die mit einem Labrador und drei Katzen ihr Heim teilte. Die alte Dame war mit der Anzahl der Tier leicht überfordert und als eine ihrer Katzen mit vier Jungen auftauchte, war das Chaos perfekt. Als die Kleinen etwa acht Wochen alt waren, fragte sie mich, ob ich nicht zwei nehmen wollte. Sie wusste um meine Katzenliebe und auch, dass Nuri gestorben war. Natürlich waren die Babys alle zum Verlieben, aber sollten wir wirklich noch zwei weitere nehmen? Zuhause rief ich eine Familienkonferenz ein, das heißt, mein Mann und ich besprachen uns, während Mika gelangweilt neben uns lag und Pebbie meine Hand malträtierte und den Funkel-Koboldblick aufgelegt hatte. Ich will und kann es nicht beschönigen: Diese Katze war einfach nur verrückt!

Wir entschlossen uns, zwei weitere Katzen aufzunehmen, denn bei meiner Patientin wären sie zu einem Leben draußen verurteilt gewesen und da sie nicht mehr die Jüngste war, würde sich niemand nach ihrem Tod um die ganzen Tiere kümmern. Die Kleinen waren recht unterschiedlich in der Fellfarbe. Zwei waren komplett getigert und kaum auseinanderzuhalten. Eine Weitere war weiß-beige und die andere dreifarbig. Diese beiden wollte aber der Enkel der Patientin nehmen, woraufhin wir die Zwillinge einpackten. Nach nur fünf Minuten im Auto war uns klar, wir hatten die Evil-Twins adoptiert. Nach einer anatomischen Grunduntersuchung waren wir überzeugt, wir hätten zwei kleine Kater an uns genommen, daher nannten wir sie Loki und Winnie Pooh. Wer von beiden wer war, konnten wir nicht auseinanderhalten. Deswegen bekam der kleine Schreihals mit der Bärenstimme – den wir für Winnie Pooh hielten – ein Bändchen um. Ich hatte ja auch schon mit Cäsar und Cleo Katzenbabys als Team, aber diese beiden setzten allem die Krone auf. Pebbie und Mika reagierten mäßig begeistert über das getigerte Doppel, die sich als Erstes die Bäuche vollschlugen, danach laut fiepten vor Glücksgefühl und dann ihre Babyterrorherrschaft begannen. Wir hatten keine ruhige Minute mehr. Alles was in ihrer Reichweite war, wurde unsicher gemacht. So sehr, dass es selbst dem Kobold zu viel wurde. Doch Pebbie wäre nicht Pebbie gewesen, wenn sie sich nicht schnell in das neue Vergnügen gestürzt hätte. Die Twins merkten, dass sie mit ihrer neuen großen Schwester noch wesentlich mehr Schabernack treiben konnten.

Drei Tage später stellte ich bei Winnie etwas unter dem Bauch fest. Es sah wie ein Penisvorfall aus, jedoch sitzt der Penis bei Katzen ja nicht unter dem Bauch. Beim Toilettengang jammerte er ganz laut und wir fuhren schleunigst zum Tierarzt. Wir nahmen direkt beide Twins mit, denn sie waren ein *Arsch und ein Kopp,* wie man im Rheinland sagt. Ein Blick der Ärztin genügte, um uns mitzuteilen, dass Winnie und Loki mitnichten Kater waren, sondern kleine Zicken und das, was Winnie zu schaffen machte, ein Scheidenvorfall war. Okay, mit meinem Vorfall lag ich also gar nicht falsch, dennoch war ich froh, dass wir so schnell reagiert hatten, denn nur einen Tag später und sie wäre daran gestorben. Uns wurde erklärt, dass so etwas eigentlich nur bei älteren Tieren oder nach einer Schwangerschaft vorkommt. Wir hatten keinen Schimmer, wie Winnie daran gekommen war, aber Gott sei Dank verlief alles gut und nach ein paar Stunden durften die Twins wieder nach Hause. Nun hatten wir natürlich das Namensproblem. Kurzerhand wurde aus Loki eine Leni und Winnie behielt ihren Namen, weil sie wirklich ein kleiner Bär war. Ihr Körper war etwas gedrungener als Lenis, die ständig über ihre langen Beine stolperte. Winnies Kopf war rundlich und sie hatte kugelrunde Knopfaugen, während Leni einen leichten Silberblick aufwies. Wenn Winnie miaute oder brummte, hörte sie sich wie diese Stoffbären an, die man auf den Rücken drehen muss, damit sie einen Ton abgeben. Das Auseinanderhalten ging einigermaßen, aber wenn sie zu einem gestreiften Tigerbabyball verschmolzen, wussten wir nicht mehr, wer wer ist. Das war aber auch egal, denn die Öhrchen hatten sie sowieso nur zu Dekozwecken. Pebbie fand die Winzlinge ganz toll und machte jeden Mist mit. Sie zeigte den Twins allerhand Dinge, natürlich nur die, die uns auf die Palme brachten. Noch nie zuvor sah unser Haus so unordentlich aus, aber ich gab es auf, jeden Tag den Staubsauger zu schwingen.

Pebbie liebte Kartons. Egal in welcher Größe, irgendwie quetschte sie sich in jede Pappschachtel. Und sie knabberte daran herum. Wir wurden also jeden Morgen mit Konfetti im Wohnzimmer begrüßt, manchmal aber auch mit einem heruntergeworfenen Blumentopf oder ähnlichen Dingen, die eigentlich auf dem Fußboden nichts zu suchen haben. Die Twins begannen so langsam ihre Umwelt in höheren Ebenen zu erkunden. Winnie immer voran. Sie gab den Ton an und war die Pfiffigere von den beiden. Die leicht trottelige Leni machte natürlich alles nach, aber da ihr immer wieder die langen Storchenbeine im Weg waren, ließ der erste Unfall nicht lange auf sich warten.

Die Babys hatten einfach nicht kapiert, dass es besser war, nacheinander Gardinen hochzuhangeln und sich nicht während des Klettervorganges zu prügeln. Wie immer hatte Leni das Nachsehen und landete ungebremst auf ihrem Popo. Das Ende des Kletterausfluges: ein verstauchter Schwanz. Vierzehn Tage hing das Schwänzchen schlapp herunter, was ihr eine ganze Menge Probleme einbrachte. Allein der Toilettengang gestaltete sich schwierig, denn da sie kein Gefühl im Schwanz hatte, konnte sie ihn bei ihrem Geschäft nicht aus der Gefahrenzone bringen. Es war dann an uns, sie hinterher bei der Säuberung zu unterstützen. Mit dem schlaffen Körperteil sah sie noch ein bisschen niedlich-dümmer aus. Es hielt sie aber nicht davon ab, sich weiterhin mit Winnie und Pebbie zu prügeln. Es änderte sich für sie ja auch nicht viel, sie war sowieso stets die Unterlegene.

Endlich wurde auch der Kratzbaum wieder genutzt. Nachdem Winnie herausgefunden hatte, wie sie auf die oberste Plattform kam, wurde das ihr Lieblingsplatz. So war sie auch sicher vor Mikas Erziehungsmaßnahmen, denn wenn es der Chefin zu bunt wurde, verteilte sie großzügig Ohrfeigen. Doch diese strenge Behandlung hielt meist nur wenige Sekunden an. Die Twins tanzten einfach weiter auf unser aller Nerven herum. Nur Pebbie machte unermüdlich mit.

Als die beiden Quälgeister vier Monate alt waren, ließen wir sie zum ersten Mal in den Garten. Wir hegten die verzweifelte Hoffnung, dass sie dadurch abends müde wurden und uns nachts schlafen ließen. Wäre dies ein Hörbuch, könnten Sie mein hysterisches Lachen hören. Ich hatte komplett verdrängt, welche Energie in kleinen Katzen steckt. Ich erinnerte mich an die ersten zaghaften Versuche von Mika und Nuri, als sie in den Garten durften. Bei den Twins war von Zaghaftigkeit keine Spur. Das Erste, was Winnie entdeckte, war das Loch im Zaun, wodurch man so wunderbar direkt aufs Feld rennen konnte. Fellknäuel eins war somit schon mal verschwunden. Leni rannte wie immer kopflos drauf los, erspähte den Apfelbaum und kletterte in Lichtgeschwindigkeit bis ganz nach oben. Pebbie wusste gar nicht, wohin sie zuerst laufen sollte, so viel Unsinn auf einen Schlag war genau nach ihrem Geschmack. Mika stand nur neben mir, ich meinte, sie schüttelte genervt den Kopf, und tat dann das, was Mika am besten konnte: Kleine Katzen erziehen. Zuerst rüber auf das Feld, Winnie *liebevoll* durch den Zaun zerren und abliefern. Dann zum Apfelbaum, Leni holen. Noch schnell Pebbie eine knallen und dann ging sie ihrem Tagewerk nach.

Nach ein paar Tagen Eingewöhnung nahmen die Älteren die Babys mit, um ihnen Mäusefangen beizubringen. Mika schnappte sich Winnie und zeigte ihr die allerbeste Stelle auf dem Feld. Mit Erfolg. Am Abend präsentierte uns Winnie ihre erste Minimaus. Natürlich war ich stolz, wollte die Maus wie gewöhnlich in den Müll werfen, aber Winnie dachte gar nicht daran. Sie fraß sie auf. Die Erste unserer Katzen, die ihre Mäuse auch verzehrte. Mika hatte mal wieder einen grandiosen Job geleistet, ganz anders Pebbie. Statt Leni zu zeigen, wie man sich draußen ernährte, tobten die beiden nur herum. Leni kann bis heute nicht richtig jagen, das konnte und wollte Pebbie aber auch nie. Sie musste es ja auch nicht, ihr Fresschen bekamen sie bei uns. Aber es kristallisierte sich der Unterschied bei den Twins heraus. Winnie war die Jägerin und verfolgte dies mit absoluter Ernsthaftigkeit. Leni hatte immer noch genug damit zu tun, ihre Beine in der richtigen Reihenfolge auf den Boden zu setzen. Man musste kein Hellseher sein, um zu wissen, dass Lenchen an Größe noch einiges zulegte.

Der Garten war toll, aber drinnen wurde immer noch genauso gerne getobt. Fatalerweise hatte ich eine Spielmaus mit Rappelinhalt gekauft, diese wurde natürlich nur in der Nacht hervorgekramt. Alles andere hätte ja auch keinen Sinn gemacht, über Tag waren wir ja bereits wach. Mein Mann warf etliche Schlappen und andere Gegenstände im Halbschlaf durch den Raum –

ohne Erfolg. Er versteckte die Maus unter der Matratze, am nächsten Morgen lag sie auf seinem Kopfkissen. So nach dem Motto: Du kannst nichts vor uns verstecken, wir finden alles.

Winnie war die erste Katze, die nicht unbedingt meine beste Freundin war. Ich durfte ihr zwar Futter geben und sie auch mal streicheln, aber sie war Papakind. Ein böser Mensch könnte jetzt sagen, das lag an dem überragend brummigen Charme, den sie gemeinsam hatten. Und es stimmt - eine gewisse Ähnlichkeit ließ sich nicht von der Hand weisen. Abends hatten sie sich angewöhnt, kurz mit uns ins Bett zu hüpfen. Leni auf meinem Bauch und zehn Minuten kuscheln, dann fliegender Wechsel, Winnie kam zu mir und Leni ließ sich von Papa schmusen. Danach wurde die Nacht wieder zum Tag gemacht.

Am Tag wuselten sie draußen herum, oder perfektionierten ihre Kletterkünste in unseren Gardinen. Ach, wie stolz war Winnie, als sie es schaffte, sich an dem kompletten Vorhang nach oben zu ziehen, während sich Leni unten darin einrollte und den durchsichtigen Stoff mit den Krallen bearbeitete. Lenchen hat bis heute eine Vorliebe für zarten Stoff und spielt gerne Gespensterkatze. Zum Glück bin ich ein Gardinenfetischist, sodass ich immer welche auf Vorrat habe. In dem Fall wartete ich mit dem Auswechseln, bis auch diese Phase vorbei war.

Im Mai 2015 zogen wir um. Unser Dorf lag einfach zu weit außerhalb und mein Mann hatte in den Wintermonaten oft Probleme zur Arbeit zu kommen. Außerdem reichten uns drei eisige Winter, denn das Haus war schlecht isoliert und der Vermieter nicht gewillt, irgendetwas daran zu ändern. Wir bezogen eine große Stadtwohnung mit Balkon, den wir für die Katzen mit einem Netz sicherten und ihnen allerhand Klettermöglichkeiten boten. Leni war sofort begeistert. Sie war immer noch etwas zurückhaltender als Winnie und eher ein Stubenhocker, dennoch schaffte es dieser Dussel, hinter das Netz zu klettern und beinahe einen Freiflug acht Meter in die Tiefe zu machen. Winnie hingegen buddelte Tag ein, Tag aus, die Blumenkästen um.

Die Twins lebten sich sehr schnell ein und nutzten den langen Flur und die geräumigen Zimmer, um sich auszutoben. Auch für Mika war es kein wirkliches Problem, sie war ja eine ehemalige Hauskatze. Nur Pebbie tat sich schwer. Sie begann sich zu verändern. Sie spielte und tobte zwar immer noch mit den Twins und mir, dennoch hatte sie zwischendurch Zeiten, wo sie sich ganz still zurückzog. Vier Wochen später bekam sie Fieber. Vom Doktor bekam sie Medikamente und nach ein paar Tagen war alles vergessen. Es schien, als würde sie langsam wieder die Alte werden. Doch der Schein trog. Immer wieder hatte sie Fieberschübe, doch der Arzt verabreichte ihr wieder nur Tabletten und Aufbauspritzen. Dieses Mal half es und wir wähnten sie über den Berg.

Da wir uns in der Wohnung überhaupt nicht wohlfühlten und auch den Katzen wieder einen Garten bieten wollten, suchten wir nach Alternativen. Wir lebten immer noch in Franken, sahen es dort aber nie als unsere Heimat an. Es passte einfach nicht vom Menschenschlag zu uns, also streckten wir unsere Fühler jenseits bayrischer Grenzen aus. Da wir Island vermissten, wollten wir gerne wieder in Küstennähe, also kam eigentlich nur der Norden in Frage. Wir fanden ein Haus in Mecklenburg-Vorpommern. Nicht ganz der Norden, aber in Küstennähe und weitaus preiswerter, als der *echte* Norden. Das Haus war ideal, keine Straße in der Nähe, tierliebe Nachbarn und Auslauf für die Katzen, soweit das Auge reicht. Im Oktober sollte der Umzug starten und ich freute mich schon, dass die Biester – insbesondere Pebbie – wieder in die Freiheit konnten. Doch das Schicksal wollte es wieder anders.

Pebbie wurde immer schwächer, zog sich zurück und fraß nicht mehr alleine. Die Katze, die ihr Fresschen immer so genossen hatte, verweigerte alles. Uns schwante Böses und an einem Wochenende war es so schlimm mit ihr, dass ich dachte, sie würde sterben. Wir fuhren in die Tierklinik Bad Kissingen und erhielten dort die niederschmetternde Diagnose: Leukose. Pebbie war gerade erst zwei Jahre alt geworden. Schweren Herzens entschieden wir, sie zu erlösen, denn ihre Blutzellen waren derart mutiert, dass sie sowieso keine Woche mehr durchgehalten hätte. Sie spürte unsere Trauer und als ich sie auf den Arm nahm, begann sie zu schnurren und legte ihren Kopf in meine Halsbeuge. Wir trösteten uns gegenseitig, wobei ich nicht zu trösten war. Mein kleiner Kobold, die lustigste Katze, die ich kennengelernt hatte, sollte einfach sterben. Doch für sie war es das Beste. Was dann geschah, lässt mir noch heute das Blut in den Adern gefrieren. Der Arzt spritzte ihr, ohne unser Wissen und unsere Zustimmung, direkt das Euthanasiemittel, ohne vorherige Narkose. Pebbies Todeskampf dauerte Minuten. Sie krampfte und schrie, bis sie endlich nach schier endloser Qual, ihren letzten Atemzug tat. Ich stand kurz vor einem Nervenzusammenbruch, unfähig, einen klaren Gedanken zu fassen. Als mein Mann den Arzt zur Rede stellte, meinte dieser nur: »Ich wollte Ihnen Kosten ersparen.«

Auch in den nachfolgenden Tagen fühlte ich mich schrecklich allein und hilflos. Ich hätte diesem Doktor liebend gerne etwas angetan, für seine Kaltblütigkeit. In meiner Not wandte ich mich zuerst an das zuständige Veterinäramt, doch als Antwort kam zurück, der Arzt hätte nichts falsch gemacht. Auch beim Tierschutz half man mir nicht weiter, denn diese Tat war nicht illegal, aber unethisch. Das Mittel, welches verabreicht wurde, ist bei Tierfreunden und kompetenten Veterinärmedizinern umstritten, dennoch ist es leider nicht verboten. Noch heute - 3 Jahre später - verfolgen mich diese Schreie.

Pebbie fehlte uns allen so wahnsinnig. Selbst die Twins waren zum ersten Mal in ihrem kurzen Leben relativ still und suchten Pebbie in der Wohnung. Die bedrückte Stimmung war jedem von uns anzumerken.

Kapitel 19
Leni und die Autofahrt

Leni! Diese Katze wird mir wohl immer ein Rätsel bleiben. Sogar unsere neue Tierärztin sagte: »Du bist aber auch schön bekloppt, oder?«

Tja, Leni ist also medizinisch bescheinigt bekloppt. Das wusste ich aber schon früher.

Wir zogen am ersten Oktober nach Mecklenburg, was eine achtstündige Fahrt bedeutete. Alle drei Katzen wurden in ihre Körbchen gepackt und so komfortabel wie möglich im Auto untergebracht. Manchmal ist es in solchen ungewöhnlichen Situationen ja so, dass man Lebewesen erst richtig kennenlernt. So war es bei Leni. Die sonst eher zurückhaltende Tigerprinzessin drehte zu Höchstformen auf. Während Winnie und Mika ihr Schicksal geduldig hinnahmen, machte Leni ununterbrochen Radau. Und wenn ich ununterbrochen schreibe, dann meine ich das auch so. Die gesamten acht Stunden Fahrt – die auch ohne Katzen schon stressig genug gewesen wären - meckerte und schrie Madame herum. Sie testete die gesamte Palette ihrer stimmlichen Vielfalt aus, vom vorwurfsvollen, geradezu entrüstetem Maunzen, bis hin zum Klein-Mädchen-Miau.

Es fing schon an, bevor wir überhaupt Bad Brückenau verließen. Ich musste noch tanken und als ich zum Wagen zurückkehrte, hockte Leni auf dem

Fahrersitz. Ohne Körbchen! Den hatte sie in meiner Abwesenheit irgendwie geöffnet und die Türe derart demoliert, dass nur noch Panzertape half. Da mein Mann den Möbeltransporter fuhr, war ich Lenis Gesang auf Gedeih und Verderb alleine ausgeliefert.

Diesen Terror veranstaltet sie übrigens bei jeder Autofahrt und setzt ihn beim Tierarzt fort. Während ich mit rotem Kopf im Wartezimmer entschuldigende Worte für das indiskutable Verhalten meiner Katze murmele, sind die anderen Tierhalter sehr amüsiert. Die Tierärztin freut sich immer, wenn Leni zu Besuch kommt, denn sie ist mit ihrer Kommunikationsfreudigkeit ein unterhaltsamer Gast.

Doch nicht nur bei Autofahrten legt Leni los. Sie kann das Gemecker auch einen ganzen Abend durchziehen, wenn irgendetwas nicht nach ihrem Kopf geht. Auch mitten in der Nacht, wenn ihr plötzlich in den Sinn kommt, dringend noch einmal raus zu müssen. Ebenfalls wenn ich sie abends ins Haus hole – wobei immer eine Suche vorausgeht – kommt sie mir laut schreiend und mit kerzengeradem Schwanz entgegengelaufen. Sie hat immer sehr viel zu erzählen. Es wäre nur schön, wenn man davon einen Ton verstehen könnte. Dummerweise spreche ich auch nach all den Jahren nicht fließend kätzisch, aber das weiß sie ja nicht.

Erst in der Nacht trafen wir im neuen Haus ein und bereiteten uns ein provisorisches Schlaflager. Die Katzen hatten die Strapazen gut überstanden und während Mika froh war, dass sie es sich endlich gemütlich machen konnten, begaben sich die Twins auf Erkundungstour. Das Haus war alt und in den letzten zwanzig Jahren nicht großartig renoviert worden. Überall lag Schmutz und hingen Spinnweben, das hielt die Twins jedoch nicht davon ab, alles gründlich zu untersuchen. Am Morgen waren beide mit einer dicken Staubschicht und unzähligen Spinnweben überzogen, aber endlich schliefen sie ein.

Natürlich halfen alle drei fleißig dabei mit, das Haus zu renovieren und zu putzen. Es wurde alles untersucht, der Kleister, Farbe, Tapeten, jedes Krümelchen Putz, welches wir von den Wänden holten. Für sie war alles total spannend.

Nach ein paar Wochen ließen wir sie in den Garten. Mika und Winnie waren direkt hellauf begeistert und erkundeten gemeinsam die Umgebung. Im Nachbarhaus leben auch Katzen, unkastriert, wie ich hinzufügen möchte, denn diese Tatsache spielt leider noch eine große Rolle. Unser Nachbar ist vom alten Schlag. Alles Natur, auch wenn die Katzen krank sind, und sterben – alles Natur. Ein Tierarzt und ausreichende Fütterung ist nicht notwendig, wenn sie nicht genug Mäuse fangen, ihr Pech. Thema Futter: Wir stellten schnell fest, dass die Katzen irgendwie alles bekamen, was nicht wirklich katzentauglich ist. Dosen mit Erbsensuppe, geräuchertes Fleisch und irgendwelche Reste vom Mittagessen. Ab und an mal einen ganzen Fisch. Als wir herzogen, waren es vier Katzen. Ein alter Kater und eine Katze mit ihren beiden Jungen. Da keins der Tiere kastriert wurde, waren es nach nur einem Jahr acht Katzen, wovon eine schon abgegeben wurde, zwei Babys waren spurlos verschwunden. Jetzt - nach dreieinhalb Jahren - haben wir so viele Katzen kommen und gehen sehen, dass uns schwindelig wird. Und noch immer hat der Nachbar kein Einsehen. Alles Natur und wenn es die Natur nicht selber regelt, werden Katzenkinder eben im Garten verscharrt. Natürlich können wir nichts beweisen, dennoch ist das zuständige Amt bereits informiert und hat den Herrn im Blick. Ebenso der Tierschutz, doch solange das Kastrationsgesetz in Mecklenburg noch nicht in Kraft getreten ist, sind uns die Hände gebunden.

Die Katzen hatten ständig Hunger, waren zum Teil krank und extrem dünn, weswegen wir sie irgendwann mitversorgten. Dadurch, dass sie reine Hofkatzen sind und jeden Tag quasi um ihr Überleben kämpfen müssen, hatte der große Kater – *der Graue* – ein gehöriges Aggressionspotenzial. Er konnte die Mädels von Anfang an nicht leiden und besonders Winnie ging ihm wohl gehörig auf den Keks. Sobald sie hinauslief, lauerte er schon irgendwo und jagte hinter ihr her.

Doch die kleine Winnie wusste sich zu wehren, sie sah gar nicht ein, dass er ihr den Garten streitig machen wollte. Einmal blieb sie einfach ganz frech stundenlang auf einem hohen Baum sitzen, unter dem er Stellung bezogen hatte. Ihr machte die Kletterei nichts aus, doch der dicke Kater war zu faul, ihr in die luftige Höhe nachzujagen. Winnie ließ sich, anders als Leni, den Spaß nicht verderben. Nachdem der Kater merkte, dass er Winnie nichts anhaben konnte, schnappte er sich eines Tages Leni. Er jagte sie und sie versteckte sich. Und zwar den ganzen Tag und die halbe Nacht über. Irgendwann fanden wir sie und ... sie humpelte. Ihr Bein war verstaucht. Nach dem Tierarztbesuch hatte sie erst einmal die Nase voll vom Garten und blieb lieber bei mir im Haus. Sie konnte sich auch alleine wunderbar beschäftigen und es machte ihr nichts aus, dass die anderen beiden nicht bei ihr waren. Doch dann kam der Tag, an dem Winnie nicht mehr entwischen konnte. Der Kater verletzte sie so stark am Rücken, dass wir einen wahren Ärztemarathon hinlegen mussten. Tierklinik, Röntgen, Spritzen, Tabletten – das ganze Prozedere. Ihre Wirbelsäule war gestaucht und sie hatte starke Schmerzen. Von da an baute Winnie ab. Sie ging zwar trotzdem weiterhin raus, aber uns und Leni gegenüber war sie nicht mehr dieselbe. Ständig knurrte und fauchte sie ihre Schwester an, die das überhaupt nicht verstand. Sie versuchte, Winnie zum Spielen zu bringen, doch sie stieß nur auf Aggression.

Ein paar Wochen später dachten wir, es wäre endlich überstanden, aber dann ging es Winnie wieder schlechter. Und zwar richtig schlecht. Eine Blutuntersuchung brachte die schreckliche Wahrheit ans Licht: Der kleine Brummbär hatte Gift gefressen, was sich schon so weit im Körper ausgebreitet hatte, dass nichts mehr zu machen war. Ich nahm Winnie mit nach Hause, rief meinen Mann an, der sich gerade auf Montage befand und teilte ihm die traurige Nachricht mit. Am nächsten Tag wollte die Ärztin zu uns nach Hause kommen, um Winnie einzuschläfern. Ich glaube, auch Winnie spürte, dass sie ihren letzten Tag hatte, denn sie setzte sich auf meinen Schoß und schmuste so ausgiebig, wie nie zuvor. Am nächsten Morgen ließ ich sie noch einmal raus, aber sie lief nicht mehr weg, sondern legte sich vor dem Haus in die Sonne und genoss ein letztes Mal die ersten wärmenden Frühlingsstrahlen. Am Nachmittag kam die Tierärztin und schläferte Winnie, die in meinen Armen lag und im Beisein von Leni, ein. Sie ging ganz friedlich und schnell, so als wäre sie froh, endlich keine Schmerzen mehr ertragen zu müssen.

Nachdem die Ärztin gegangen war, verabschiedete sich Leni von ihrer Schwester. Immer wieder sah sie mich mit ihren großen Puppenaugen fragend an, stupste dann mit der Nase gegen Winnies Körper. Nach ein paar Minuten leckte sie Winnie über den Kopf und das Thema war für sie erledigt.

Das kleine Bärchen hat ein wunderschönes Grab in unserem Garten bekommen.

Nun war Leni alleine. Von Mika hatte sie nicht viel zu erwarten, denn die verbrachte ihre Zeit lieber damit, die Katzengang von nebenan aufzumischen. Als wollte sie Rache üben, nahm sie sich einen nach dem anderen der Bande vor und auch der dicke Kater wurde nicht verschont. Sie war ja schon immer sehr schnell, zu schnell für den faulen Kater. Im Vorbeilaufen bekam er seine Ohrfeigen und bevor er überhaupt wusste, was geschehen war, war Mika schon wieder verschwunden. Ihre Rauflust brachte ihr immer die ein oder andere Blessur ein, aber das hielt sie nicht davon ab, weiterhin fröhlich um sich zu schlagen. Ihr Ritual war Folgendes: Sobald sie morgens rausging, tigerte sie mit Absicht langsam beim Nachbarn vorbei. War eine der anderen Katzen zufällig vor dem Haus, gab es Ohrlaschen. War niemand zu sehen, rollte sie sich entweder ein paar Mal den Weg rauf und runter, so als wäre alles in bester Ordnung, oder sie begab sich direkt in den Garten, wo die potenziellen Opfer sich versteckten. Erst wenn das erledigt war, konnte sie ihrer eigentlichen Aufgabe nachgehen: Mäuse fangen. Bevor sie abends reinkam, wurde dieses Ritual übrigens wiederholt.

Es hatte aber auch sein Gutes, dass Mika so hart durchgegriffen hat, denn Leni wurde kaum noch behelligt und konnte endlich den Garten genießen. Ich lenkte sie in dieser Zeit mit allerhand Spiel und Spaß ab, doch irgendwie hatte sie die Lust verloren. Sie war schon immer sehr sozial und wir merkten, dass Mika alleine ihr nicht reichte. Zumal die beiden noch nie die besten Freundinnen gewesen waren. Das Naheliegende war also eine neue Katze.

Kapitel 20
Mäuse sind gut, Hähnchenbrust ist besser

Katzen brauchen neben viel Musik, wie es bei Aristocats heißt, noch eins: Futter! Regelmäßig, in Yukis Fall am besten 24 Stunden Büfett. Soweit, so gut. Meine Katzen können sich ihre Zwischenmahlzeiten fangen. Draußen, in der Natur. Ruby ist dabei ungeschlagener Champion - was sie nicht fängt, wurde noch nicht geboren. Wählerisch ist sie dabei nicht. Wenn die Mäuse rar werden, weil die Mäuseprokution bei unseren vier und den Nachbarskatzen etwas ins Stocken gerät, greift sie gerne mal zu Salamander - wohl wissend, dass ihr die nicht bekommen. Ist irgendwie so wie mit Alkohol bei Menschen.

»Ich schwör, ich trink nie wieder einen Tropfen!« Der beliebteste Spruch nach einer durchzechten Nacht. Man kennt das! Bis zum nächsten Wochenende!

So ist das bei Ruby. »Nie wieder, hicks, Salamander! Ich schwör, hicks. Reptilien schlagen mir immer so auf den Magen!« Bis sich der Nächste in den Garten wagt.

Yuki schoss übrigens den Vogel ab, als er uns ein Kaninchen reinschleppte. Meine Begeisterung hielt sich in Grenzen, ebenso ist es, wenn er mit irgendwelchen Vögeln ankommt.

Na ja, das ist Natur und ich bin ja froh, dass sie sich im Notfall selbst versorgen könnten. Alle meine Katzen? Ich würde dies gerne bejahen, aber wir haben ja noch Leni. Lenchen hat sehr viele positive Eigenschaften. Sie kann wunderbar erzählen - stundenlang ob man möchte oder nicht, sie sorgt für Ruhe, wenn ihr die Musik zu laut ist, indem sie einfach den Computer ausschaltet, sie sorgt dafür, dass sich niemand anders auf die Couch traut, wenn sie dort liegt und sie kann sehr schnell rennen und klettern. Was sie nicht kann: Mäuse fangen. Oder besser gesagt, sie kann sie nicht behalten. Denn immer wenn ihr das gelingt, schleppt sie uns die lebende Maus an - natürlich so laut brabbelnd, dass wir sie schon von Weitem hören - präsentiert sie stolz und ... verliert sie! Dann kann sie auch immer ganz wunderbar dumm aus der Wäsche gucken. Daher hat Leni für sich eine andere Überlebensstrategie entwickelt: Sie stiehlt das, was sie haben möchte.

Es ist mir immer ein Mysterium, aber sobald ich zum Beispiel Kuchen gebacken habe, weiß sie, wo ich diesen »geparkt« habe, und dass, obwohl sie manchmal zwei Tage unterwegs ist. Sie kommt rein, scannt die Umgebung und stürzt sich auf die Nahrungsmittel. Apfelkuchen mit Streusel ist ohne Streusel einfach nicht mehr ganz so erstrebenswert!

Letzte Tage hatte ich mal wieder Hühnerbrust für die Monster gekauft. Roh für die Großen, für die Zwerge wurde sie gekocht. Ich legte das gekochte Fleisch zum Abkühlen auf ein Brettchen, welches ich auf den Kühlschrank stellte. Etwas später kam Lenchen rein -

nachdem sie mal wieder zwei Tage auf Achse war. Sie konnte also gar nicht wissen, dass für den Abend irgendein Leckerchen vorgesehen war. Ich gab ihr Futter und platzierte mich wieder ins Wohnzimmer. Eine halbe Stunde später gesellte sich Leni zu mir, mit sichtlich gerundeten Seiten, selig schielend und leckte sich die Schnute. Sie wollte auch direkt wieder raus, Madame war offensichtlich satt. Plötzlich durchzuckte ein Gedanke mein Gehirn. Ich ging in die Küche und sah ... NICHTS! Das Futter war unberührt, dafür fehlte die noch warme Hühnerbrust.

venit, vidit, vicit - Sie kam, sah und siegte! Wer macht sich da noch freiwillig die Arbeit und fängt Mäuse?

»Wer eine Katze hat, braucht das Alleinsein nicht zu fürchten.«
Daniel Dafoe

Kapitel 21
Fräulein Rosenrot

Damit Leni wieder jemanden zum Spielen hatte, entschieden wir uns, im Tierheim nach einer geeigneten Mademoiselle zu suchen. Es waren etliche Katzen dort, die auf ein neues Zuhause hofften, doch unsere Blicke begeisterten sich nur für zwei hübsche Mädchen. Die eine war schneeweiß und da ich schon immer eine weiße Katze wollte, war ich direkt verliebt. Doch die Kleine war derart scheu, dass sie sich in die hinterste Ecke verkroch und mit uns so gar nichts zu tun haben wollte. Mein Mann machte mich auf eine puschelige Rote aufmerksam, die wie ferngesteuert an einem Büschel Gras fraß und dabei den Baby-Milchtritt auf dem nackten Boden vollführte. Sie hatte eine so süße Schnute und so herrlich grüne Augen, dass wir uns fast augenblicklich entschieden, sie zu uns zu holen. Sie schnupperte an uns, nahm das mitgebrachte Leckerchen, nur um dann ganz schnell wieder zu ihrem Gras zu huschen. Okay, die Katze war ein Grasjunkie. Das konnte sie bei uns haben, wir hatten genug Gras in unserem noch ziemlich verwilderten Garten. Wir gaben uns dennoch einen Tag Bedenkzeit, den wir eigentlich nicht gebraucht hätten, und holten Ruby –, wie wir sie nennen wollten – am nächsten Tag ab. Ich hatte bereits im Vorfeld alles für den Neuankömmling vorbereitet. Ein schickes Körbchen, ganz viele Spielsachen und einen Topf mit extra frischem Gras. Zuhause angekommen, verschwand Ruby erst einmal unter das Bett, wo sie auch die nächsten vierzehn Tage lebte. Sie huschte nur kurz raus, um zur Toilette zu gehen und an ihrem Gras zu nagen, aber alles andere wurde unter dem Bett erledigt. Leni und Mika hockten stundenlang davor und spielten *Anstarrwettbewerb*. Ruby ließ sich nicht überzeugen. Mein Mann musste wieder zur Montage, so hatte ich viel Zeit, mich um Ruby zu kümmern. Es wurde ein hartes Stück Arbeit, die sich aber mehr als gelohnt hat.

Als Erstes holte ich Ruby unter dem Bett hervor, hielt sie auf dem Arm und zeigte ihr, dass sie keine Angst haben brauchte. Dann setzte ich sie ins Wohnzimmer an ihren Grastopf, wo sie direkt zu fressen und trampeln begann. Ich fand schnell heraus, dass sie das immer tat, wenn sie nervös und unsicher war. Ich spielte mit ihr, warf ihr Stoffmäuse zu, die sie interessiert beschnupperte, aber mehr auch nicht. Anfassen ließ sie sich nicht. Nachts hörte ich dann, wie sie heimlich mit der Maus spielte, aber am Morgen saß sie wieder unter dem Bett. Am nächsten Tag setzte ich sie zu mir auf die Couch und ließ sie dort schnuppern. Alles war gut, bis ich mich bewegte. Ab unter das Bett. Nach einiger Zeit kam sie aber von alleine ins Wohnzimmer, guckte sich um und ... fraß Gras. Leni guckte mich an, als wollte sie sagen: »Was, bitteschön ist das?«

Das war Ruby! Leicht verwirrt, etwas neurotisch, aber sehr niedlich. Sie war zirka zehn Monate alt und schon ziemlich groß. Ich hatte aber direkt das Gefühl, da kommt noch was nach. Aber gut, soweit waren wir noch nicht. Erst kam noch die Lektion, Menschen sind keine Feinde. Ich setzte mich auf den Boden und wartete ganz ruhig, was sie tat. Außer Gras fressen und trampeln nicht viel, aber irgendwann schlich sie schnurrend an mir vorbei und ich durfte zum ersten Mal meine Hand über ihr wuscheliges Fell streichen lassen. Wieder zum Gras und noch einmal. Hm, ja, das fühlt sich irgendwie gut an. Dieses Mal wurde die Runde um mich herum länger und sie genoss sichtlich meine Streicheleinheiten.

Es wurde jeden Tag etwas mehr. Zuerst traute sie sich an mich heran, dann legte sie sich auf den Sessel, bis sie irgendwann zu mir auf die Couch kam. Aber nur kurz, weil das ja eigentlich Mikas Platz war und sie diesen heldenhaft verteidigt. Also setzte ich mich in die Mitte, Mika links von mir, Ruby rechts. Leni hatte sich irgendwie noch mehr abgekapselt und wollte jetzt mit keinem mehr etwas zu tun haben. Wir hatten uns von Ruby versprochen, dass Leni wieder mehr Spaß am Leben hatte, stattdessen kam sie nun fast gar nicht mehr nach Hause und dachte, sie sei jetzt auch eine Straßenkatze. Ach nein, eigentlich war sie ein wilder, ungezähmter Tiger. Sie machte jetzt alles das, was vorher Winnie gemacht hatte. Morgens raus ohne etwas zu essen oder Notiz von uns zu nehmen und erst abends wieder rein, fressen und schlafen. Ruby wurde entweder ignoriert oder direkt angeknurrt. Leni war schlicht und ergreifend eifersüchtig. Obwohl ich alles tat, um die beiden zueinanderzuführen, Leni wollte es einfach nicht. Dabei war Ruby hin und weg von Leni. Sobald die Tigerprinzessin abends nach Hause kam, empfing Ruby sie stürmisch. Leni wurde abgeleckt und beim Fressen beobachtet. Ruby rannte ihr überall hinterher, sogar auf die Toilette. Nur war Leni so gar nicht angetan von den Liebesbekundungen der neuen, kleinen Freundin. Ich dafür umso mehr. Ruby wollte alles wissen und lernen. Sie wurde mein Schatten. Ständig lief sie wie ein Hund *Bei Fuß,* schaute mir bei jeglicher Tätigkeit zu und hatte schnell den Dreh raus, was sie wo finden konnte. Sie wusste, im Kühlschrank gab es leckere Sachen und wenn man nur lang genug bettelte, bekam man vielleicht sogar etwas. Sie taute langsam auf, spielte und tobte den ganzen Tag und endlich ließen auch die Krämpfe in ihren Beinen nach. Als sie zu uns kam, litt sie anscheinend unter Muskelverkürzungen. Immer wenn sie die Vorderbeine hinter den Kopf klemmte, um sich zu putzen, bekam sie sie nicht mehr zurück in die ursprüngliche Position, sondern krampfte regelrecht dabei. Doch sie gab nicht auf und übte springen, bis sie irgendwann von alleine auf die Fensterbank kam. Alles in allem war sie aber nach wie vor recht schreckhaft und hatte kein sehr großes Selbstbewusstsein. Meinen Mann sah sie nur am Wochenende und wollte nichts mit ihm zu tun haben. Immer nur Mama. Wo ich war, war auch Ruby.

Zwei Monate später, sie war jetzt etwa ein Jahr alt, zeigte sie Interesse an der Außenwelt. Also probierten wir es aus und gingen mit ihr in den Garten. Ich merkte ihr die Überforderung an. So viel Wiese und Gras auf einen Haufen – sie musste sich wie im Paradies fühlen. Überall wurde geknabbert und getrampelt, Hummeln und Schmetterlingen nachgejagt, doch beim kleinsten Geräusch, rannte sie ins Haus. Da wir im Sommer die Fenster den ganzen Tag geöffnet haben, ließen wir ihr die Entscheidung, wann sie raus oder reinging. So wusste sie, dass sie schnell in Sicherheit flitzen konnte. Und plötzlich erwärmte sich auch Lenchen für das Fräulein Nervös. Anstatt ihrer Ausflüge über die Felder, blieb sie bei Ruby im Garten und sie spielten zusammen. Das Eis war gebrochen. Als Ruby zum ersten Mal dem dicken Kater begegnete, befürchtete ich schon das Schlimmste. Doch Ruby zeigte eine ganz andere Seite von sich. Der Kater jagte sie in den Schuppen, ich hörte nur leises Fauchen und Knurren und plötzlich drängte Ruby den Dicken aus dem Schuppen heraus und baute sich herausfordernd vor ihm auf. Er wusste gar nicht, wie ihm geschah, sah sich verwirrt um und markierte, wie zum Trotz, den nächstbesten Balken, ehe er von dannen schlich. Ruby schnüffelte an dem Katerpipi, stellte sich in Position und markierte den Balken ebenfalls. Damit war klar: der Garten gehörte ihr.

So wurde langsam aus der schüchternen Ruby, eine sehr selbstbewusste Katze, was sich leider 2018 änderte. Mika dachte sich wohl, jetzt wo Ruby ihr wahres Ich gezeigt hatte, könnte sie der Kleinen etwas beibringen. Natürlich auf Mika-Art, also rüber aufs Nachbargrundstück und die fremde Meute aufmischen. Die beiden wurden ganz dicke miteinander und Ruby verwandelte sich in eine zweite Pebbie. Nicht nur, dass sie von früh bis spät irgendeinen Kasperkram machte, sie lernte auch noch Funkeln. Augen zu Schlitzen und böse gucken – genau wie Pebbie damals. Und Küsschen auf die Schnute muss auch sein, sonst hat man nicht richtig geschmust. Mittlerweile ist sie so kess, dass sie beißt, wenn sie nicht mehr gestreichelt werden will. Also noch ein Kobold, der nur Unsinn im Kopf hat.

Zu Weihnachten hatte sich mein Mann etwas ganz Besonderes ausgedacht: eine Indoor-Kletterwand. Ruby fand ihren Platz hoch oben über der Türe. Es macht ihr natürlich wahnsinnigen Spaß, in der Höhe durchs Wohnzimmer zu klettern. Aber bei aller Kasperei, ist sie nach wie vor mein Schmuseschatz und hört auch aufs Wort. Draußen unternimmt sie mittlerweile ihre eigenen Streifzüge und im Sommer schleppt sie uns jeden Tag eine fangfrische Maus ins Haus. Manchmal auch einen Frosch, den ich dann mühselig wieder einfangen darf, denn bei aller

Tierliebe, ein Frosch als Haustier finde ich nicht so spannend.

Unser Haus gehört zu einem stillgelegten Bahnhof, dennoch fahren hier noch Züge. Nicht viele, aber es reicht, dass ich immer Angst habe, eine der Katzen könnte über die Schienen laufen. Genauso ist es auch passiert.

Ich schaute eines Morgens aus dem Fenster und sah etwas Rotes über die Schienen tapern. Ruby! Ich rief und rief, doch Madame hörte nicht. Dieses Schauspiel ereignete sich noch zwei weitere Male, bis ich feststellte, dass es gar nicht Ruby war. So kamen wir zu einem neuen Familienmitglied.

»Auf leisen Pfoten kommen sie wie Boten der Stille, und sacht, ganz sacht, schleichen sie in unser Herz und besetzen es für immer mit aller Macht.«
Eleonore Gualdi

Kapitel 22

Opi

Zum Glück war es nicht Ruby, die sich auf den Weg über die Bahnschienen machte. Ich beobachtete die fremde, ebenfalls rote Katze ein paar Tage. Immer tauchte sie auf, klaute beim Nachbarn und uns Futter und verschwand dann wieder. Es war mittlerweile Herbst und die Nächte bitterkalt. Eines Tages sah ich die Katze, die sich schnell als riesenhafter Kater herausstellte, und bemerkte ein altes, fast schon eingewachsenes Flohhalsband, welches er trug. Ich lockte ihn zu mir und er kam auch ohne Zögern. Vorsichtig nahm ich ihm das Band ab, bereitete ihm im Schuppen einen warmen Schlafplatz und stellte Futter hin. Er wurde unser Schuppenkater. Natürlich machten wir uns auf die Suche nach seinen Besitzern, denn er war kastriert, sehr zutraulich und das Halsband sprach ebenfalls dafür, dass er jemandem gehörte. Doch die Suche blieb erst einmal erfolglos. Selbst im Tierheim konnte man uns nicht weiterhelfen und gechipt war er leider auch nicht. Wir tauften ihn Opi, da er zirka zehn Jahre alt war und sehr behäbig lief. Eben wie ein alter Herr.

Als es knackig kalt wurde, holten wir Opi abends ins Haus, was nicht bei allen Mitbewohnern auf Zustimmung traf. Mika konnte grundsätzlich keine fremden Katzen leiden und Kater schon mal ganz und gar nicht. Doch Opi war viel zu faul, um sich mit der geballten Frauenpower anzulegen, und so wurde er irgendwann einfach hingenommen. Wenn ich ihn gelassen hätte, hätte er den ganzen Tag auf der Couch gelegen und sich nur zum Fressen bewegt. Doch zweimal am Tag wurde sein roter Popo ins Freie befördert, damit er einen Spaziergang und sein Geschäft machen konnte. Ruby mochte ihn recht gerne und neckte ihn ständig. Dann saß sie vor Opi, funkelte und miaute in den höchsten Tönen. Wenn er dann zurück brummte, kam von Ruby ein halbherziges Fauchen, ehe sie ihm zeigte, wie toll sie klettern kann. Die Mädels hatten schnell bemerkt, dass Opi durchaus einen Sinn hatte, denn der dicke Kater von nebenan vergriff sich nur gerne an kleinen Mädchen, machte um Opi aber einen Riesenbogen.

Ich hatte mich schon darauf eingestellt, dass der alte Herr seinen Lebensabend bei uns verbringt. Doch wie durch ein Wunder, las jemand zwei Dörfer weiter unseren Aufruf bei Ebay und es stellte sich heraus, dass Opi einer alten Dame gehörte und entwischt war. Opi war - wie man uns mitteilte - sogar schon wesentlich älter als zehn Jahre und er wurde von den netten Nachbarn der alten Dame abgeholt und zurück zu seinem Frauchen gebracht, die ihn schon vermisst hatte. Sein richtiger Name war übrigens Blasius - wir bleiben lieber bei Opi!

Kapitel 23
Kriegsverletzungen

Diese Geschichte hatte mich damals sehr mitgenommen, denn wir wissen bis heute nicht, was geschehen war. Ich hege die Befürchtung, ich werde mit dem Buch nie fertig, wenn uns die Katzenviecher täglich mit neuem Unsinn überraschen. Denn, liebe Leser, Sie halten gerade die zweite Auflage in der Hand, da sich in den letzten Jahren noch einiges ereignet hat, was ich Ihnen natürlich nicht vorenthalten möchte.

Was mit Mika passierte, war schon kein Unsinn mehr, sondern lebensgefährlich. Aufgrund von neuem Futter, welches ich kaufte, bekam Ruby extremen Durchfall, sodass wir morgens direkt mit ihr zum Doktor fuhren. Alles halb so wild, am Vormittag rannte sie schon wieder durch den Garten. Mika wollte ebenfalls raus und ich war froh, dass ich endlich das Haus für mich hatte und ungestört putzen konnte. So der Plan. Es vergingen etwa zehn Minuten, als ich beim Spülen aus dem Fenster schaute und sah, wie Ruby sich an irgendetwas heranschlich und dann aufgeregt auf die Fensterbank sprang, als wollte sie mir etwas zeigen. Ich sah genauer aus dem Fenster und erspähte Mika im Beet hocken, inmitten einer Blutlache. Zuerst dachte ich, sie hätte einen Vogel gefangen, doch sie starrte mich mit weit aufgerissenen Augen an und bewegte sich keinen Millimeter. Als ich realisierte, dass es ihr

Blut war, rannte ich sofort raus. Mika hatte eine Bissverletzung an der Kehle und röchelte, als ich sie auf den Arm nahm. Sofort rief ich in der Tierklinik an, Mika blutete derweil den Fußboden voll, und ich sprang förmlich ins Auto, als mein Mann vorfuhr. Während der Fahrt war ich völlig panisch, weil Mika nach Luft rang und nach wie vor röchelt. In der Klinik wurde sie gründlich untersucht und geröntgt, und die Ärztin stellte fest, dass Mika insgesamt sechs Wunden davongetragen hatte. Sie wollte sie aber noch genauer untersuchen und die Wunden mussten genäht werden, was für Mika eine Operation und Klinikaufenthalt bedeutete. Am Abend rief ich an, um mich nach Mikas Befinden zu erkundigen. Zum Glück wurde die Luftröhre nicht verletzt - der Biss war knapp vorbeigegangen - dafür aber einige Muskeln. Die Ärztin meinte, es handele sich entweder um Ratten - oder Marderbisse, genau konnte sie es aber nicht bestimmen. Wir werden wohl nie erfahren, was genau passiert ist, fest steht nur, wenn Ruby nicht gewesen wäre, wäre Mika mit Sicherheit verblutet.

Die rechte Hälfte ihres Körpers war komplett rasiert und sie musste einen Body tragen, was sie natürlich total doof fand. Die Queen of the House, die stolze Wikingerin, musste die Scham über sich ergehen lassen, einen blauen Strampler zu tragen. Natürlich konnte sie mit dem Ding nicht richtig laufen, sondern schlich nur noch durch die Gegend. Ja, Drama konnte sie. Es ging ihr aber relativ schnell wieder besser und außer ihrer nackten Seite und einem Humpelbeinchen, war sie schnell wieder die Alte, die sich bei den anderen Monstern bitterlich rächte. Natürlich hatten die das ausgenutzt, als sie leidend danieder lag und sie geärgert. Aber Mika wäre nicht Mika gewesen, wenn sie das auf sich hätte sitzen lassen.

Kapitel 24
Der kleine Herr Schnee

Ich habe ja mittlerweile mehr als genug von unserem verantwortungslosen Nachbarn berichtet, doch in diesem Fall - das gebe ich offen zu - war ich einfach nur glücklich.

Wir wussten, dass die Nachbarskatze - sie heißt übrigens mittlerweile Muschki und darauf hört sie auch - wieder Kitten hatten. Diesmal waren es zwei. Eins verschwand mal wieder auf wundersame Weise, sodass nur noch ein weißer Schneeball übrigblieb. Ich sagte meinem Mann, dass ich auf jeden Fall dieses Kitten aufnehmen wollte, um wenigstens einem Kätzchen ein besseres Leben zu ermöglichen. Das kleine Bündel kam jeden Morgen mit seiner Mama zu uns zum Essen und irgendwann kümmerte sie sich nicht mehr. Das weiße Fellknäul rannte eines Tages laut schreiend und völlig kopflos an unserem Haus vorbei, ab in den Garten. Ich wartete, ob Mama sich blicken lässt, aber es kam keine Reaktion. Ich wusste, dass der oder die Kleine mittlerweile fast drei Monate alt war, und dachte: *Jetzt oder nie!*

Bewaffnet mit einem Handtuch pirschte ich mich in den Garten und fand den Schneeball zusammengekauert unter unserer Gartencouch. Relativ problemlos hatte ich den kleinen Stinker eingefangen. Und das war er, ein Stinker. Das hübsche weiße Fell war voller Öl und Dreck. Schnell war klar, dass ich einen kleinen Prinz Schnee im Arm hielt. Als Erstes bekam er ein ordentliches Frühstück, danach eine Wäsche. Das klappte ganz gut. Wir stellten eine Schüssel mit warmem Wasser in die Spüle und badeten den kleinen Schatz. Ein Kohlearbeiter könnte keine schwärzere Brühe hinterlassen! Es war wirklich bemerkenswert, wie viel Dreck man von so einem kleinen Tier spülen kann. Okay, dass Herr Schnee auch später auf Dreck steht, konnten wir vor zwei Jahren ja noch nicht wissen.

Nachdem er gesättigt und gebadet war, überlegten wir uns einen Namen. Da uns aber nichts Passendes einfiel, bemühte ich Facebook. Bei so vielen kreativen Köpfen in meiner Freundesliste würde doch bestimmt jemand eine Idee haben. Natürlich gab es als Belohnung auch ein Foto des Herrn von und zu Schnee und er wurde in null Komma nichts der Star auf meiner Seite. Es wurden viele Vorschläge gemacht, aber Yuki - japanisch für Schnee - gefiel uns am besten. Also hatten wir ab sofort einen Prinz Yuki.

Ruby freute sich wie irre über das neue Brüderchen. Endlich konnte sie auch mal eine große Schwester sein und da sie ja sowieso immer am liebsten alle um sich herum scharte und zwangskuschelte, hatte sie in Yuki ein neues Opfer gefunden. Natürlich brauchte Yuki ein paar Tage, um sich einzugewöhnen und fand entsprechend erst einmal alles blöd. Irgendwann saß er auf der Treppe im Flur und beäugte mich sehr skeptisch. Ich versteckte mich und hielt nur meine Hand hin, die er direkt eifrig bespielte. Von da an ließ er sich anfasen, schnurrte dabei wie ein Verrückter und bereicherte unser Leben oder besser: Es wurde nie wieder so ruhig, wie es vorher einmal war! Yuki hatte Kaspergene in sich, ganz klar. Die drei Damen waren schnell überfordert mit der geballten Männlichkeit, also mussten wir herhalten. Wann immer sich die Gelegenheit bot, wurden wir zerbissen, bekämpft, unsere Füße malträtiert und er zeigte uns, wie toll er Ruby ärgern konnte. Je mehr sie quietschte, desto wilder wurde er. Und wenn Ruby eins sehr gut kann, dann ist es schauspielern. Sie hielt alles aus, was Yuki mit ihr anstellte. Ließ ihn beim »Kampf« gewinnen, tat so, als wäre er der Stärkste unter allen kleinen, weißen Katern. Auch Mika zeigte sich ausnahmsweise mal von ihrer gütigen Seite, obwohl sie ihr Leben lang nichts mit Katern zu tun haben wollte. Aber - so dumm wie sich das anhört - sie plante etwas. Etwas, von dem wir noch keine Ahnung hatten. Dazu aber später mehr.

Niemand konnte sich dem Charme von Prinz Yuki entziehen, auch unsere knurrige Leni nicht. Solange er nicht kastriert war, durfte er natürlich nicht raus, also bespaßten die Mädels ihn abends ausgiebig, wenn sie reinkamen. Ruby war seine Lieblingsschwester. Mika „erzog" ihn auf Mika-Art, aber er lernte, was er durfte und was nicht. War ihm aber schlichtweg egal. Auch wir wurden als Autoritäten außer Kraft gesetzt. Er konnte hören - was ja bei weißen Tieren nicht immer gegeben ist - aber Yukis hübsche rosa Öhrchen waren mehr Zierde, als dass sie einen Sinn erfüllten. Das wurde auch nicht besser, als aus dem kleinen Bubi ein fast geschlechtsreifer Kerl wurde. Unsere Tierärztin meinte, wir sollten abwarten, bis er neun Monate oder älter ist, ehe wir ihn kastrieren, doch ich bestand darauf, dass es gemacht wurde. Yuki war mittlerweile sieben Monate alt und sein Verhalten den Mädels gegenüber wurde immer anstrengender. Ruby fand es mittlerweile gar nicht mehr so witzig, wenn er von hinten auf sie drausprang, wann immer er die Gelegenheit dazu bekam. Seine Kämpfe wurden ernster und wir hatten kurzzeitig das reinste Fauchkonzert. Niemand konnte sich mehr leiden, weil Yuki überall dazwischenfunkte. Es war also ganz klar: Der Kater musste entbommelt werden, damit wieder Frieden einkehrte.

Nachdem das erledigt war, wurde aus Herrn Schnee wieder der liebe Schnuffi und alles war wieder harmonisch. Ein paar Wochen später durfte er dann endlich raus und seine jugendliche Energie dort abreagieren. Und auch hier war es wieder Mika, die ihn mütterlich unter ihre Fittiche nahm, auch wenn es da schon zu spät war.

Er erkannte aber auch seine Mama wieder und die beiden pflegen auch heute noch einen sehr herzlichen

Umgang miteinander, ebenso die Schwestern, die ihm folgten. Yuki heute als Kater: Er ist der liebste Schmusebär, immer noch für jeden Quatsch zu haben und er liebt seine Weiber über alles. Natürlich greift er nach wie vor Ruby gerne mal an, aber sie nimmt es mit Humor. Leni tobt draußen mit ihm, sie ist halt unser wilder Tiger, die in der Freiheit so richtig aufblüht, und er ist sehr sozial. Er käme gar nicht auf den Gedanken, irgendwen von sich aus anzugreifen. Eigentlich hat er von früh bis spät nur dummes Zeug im Kopf, auch wenn er mittlerweile schon zwei Jahre alt ist. Aber er hat sich zu einem sehr guten Jäger entwickelt, der uns regelmäßig mit frischen Mäusebret versorgt. Aus dem kleinen Schmutzfink ist ein wunderschöner, reinweißer Kater geworden - der sich dennoch nur allzu gerne einsaut und im Matsch wühlt. Männer ...

»Ich wünschte, ich könnte so mysteriös schreiben, wie es Katzen sind.«
Edgar Ellen Poe

Kapitel 25
Rise to Valhalla

Mika - mein schwarzer Teufel, EL Diabolo, meine beste Freundin. Unsere Wikingerin! Sie war so stark, hatte ihre Macken, aber ihre Liebe zu uns war stets uneingeschränkt. Nie hatte ich eine Katze, die mir so bedingungslos vertraute, die besser hörte, als jeder Hund. Sie war unser letztes Stück isländische Heimat.

Im Dezember 2017 kränkelte sie etwas. Merkte ich sofort daran, dass sie nicht aß. Mika und nicht essen? Das war ungefähr so, als würde abends der Mond nicht am Himmel erscheinen. Sie hatte enorme Schluckbeschwerden, also fuhren wir mal wieder zum Doc. Irgendwann werde ich vielleicht mal einen Bonus einfordern, so oft, wie wir dort sind. Gibt es eigentlich die Goldcard für besonders viele Tierarztbesuche?

Na ja, jedenfalls wurde festgestellt, dass Mika Entzündungen im Mäulchen hatte. Das übliche Prozedere: Antibiose und Schmerzmittel. Innerlich »jubelte« ich natürlich mal wieder, weil Mika Tabletten geben, war so, als würde man seine Hand direkt in das Maul eines Löwen legen. Schlimmer ist in der Hinsicht nur Ruby. Die stirbt! Jedes Mal! Schlimmer kann gar keine Katze leiden, als Ruby es tut, wenn sie eine Tablette bekommt. Schon mal versucht, zirka 8 kg Lebendgewicht alleine zu zähmen und gleichzeitig eine

Tablette in die Schnute zu bekommen? Darf jeder gerne mal ausprobieren. Das ist spaßig - nicht!

Okay, Mika war nur halb so groß wie Ruby, aber dafür war sie geschickt. Auch nach über fünf Minuten Rachen massieren und festhalten, schaffte sie es immer, die Tablette in ihrer Gänze wieder irgendwo auszuspucken. Manchmal gewann aber auch ich. Und siehe da, es ging ihr besser. Diese Zeit nutzte sie, um sich Yuki anzunehmen und ihn - wie viele andere davor - draußen zu unterrichten. Er lernte Mäusefangen, Nachbarkatzen - also seine eigene Verwandtschaft - auszukundschaften und sie zeigte ihm ihren Lieblingsplatz in der alten Scheune. Bisher hatte sie noch niemand anderen dort mit hingenommen, aber Yuki durfte ihn sehen. Irgendwie hatte sie einen Narren an ihm gefressen. Vielleicht wollte sie auch nur die neue Rangfolge sichern und sah in ihm den besten Kandidaten. Auch das werden wir nie erfahren. Was wir erfuhren, war, dass Mika zwei Monate später wieder schwächelte und wieder nicht schlucken konnte. Also wieder zum Doktor. Selbes Spiel wie vorher, doch diesmal erholte sie sich nicht. Das Schlucken fiel ihr immer schwerer, bis sie irgendwann regelrechte Erstickungsanfälle bekam und das Fressen ganz aufgab. Diesmal halfen keine Tabletten mehr - die konnte sie auch gar nicht mehr schlucken. Die Ärztin gab uns die erschütternde Diagnose: Krebs. Vom Rachen, über den Mundraum und es saßen mittlerweile Metastasen im Kopf. Aussicht auf Heilung gen Null, also taten wir das, was in dieser Situation das Vernünftigste ist: Wir ließen sie schweren Herzens gehen.

Sanft schlief sie in meinem Arm ein. Ein letzter, leiser Abschiedsgruß und dann war es vorbei. Natürlich nahmen wir Mika mit nach Hause. Die anderen sollten die Gelegenheit bekommen, sich von ihrer Chefin zu verabschieden. Yuki jammerte ganz leise, stupste sie an und legte sich neben sie. Ruby leckte Mika zum Abschied ein paar Mal über den Kopf, schaute mich ganz verwirrt an, verstand dann aber die Situation. Auch Leni nahm Abschied, wenn auch nicht unbedingt so herzlich. Sie und Mika waren nie die besten Freundinnen gewesen, umso mehr verwunderte uns, dass das Sensibelchen Leni sich zurückzog. Sie kam einfach nicht mehr nach Hause und blieb drei Tage und drei Nächte, trotz eisiger Kälte, einfach weg.

Die eisige Kälte ist das Stichwort für das nächste Problem. Mika sollte im Garten beerdigt werden, neben Winnie. Mit vereinten Kräften versuchten wir, ein Loch in den Boden zu hacken. Mit Hilfe von kochendem Wasser, einem Spaten und einer Spitzhacke gelang es uns schließlich auch. Unserer Meinung nach, war das Loch tief genug, aber da hatten wir uns geirrt. Im Frühling 2018 wurden wir bis weit in den April von einer neuen Kältewelle heimgesucht. Der Schnee lag meterhoch, die Temperaturen waren weit unter Null.

Eines Morgens ging ich nichts Böses ahnend in den Schuppen, um Holz für unseren Ofen zu holen. Ich sah mich um, genoss die frische, klare Luft und befand mich urplötzlich in meinem persönlichen Albtraum. Überall auf dem weißen Schnee lagen schwarze Fellbüschel. In mir wuchs eine Ahnung. Sofort blickte ich zu Mikas Grab und sah - es war leer! Drumherum Kratz-und Buddelspuren und Pfotenabdrücke, die wohl von einem Fuchs stammten.

Friedhof der Kuscheltiere! In meinem Garten! Herrlich. Nach einer mittelschweren Panikattacke machte ich mich auf die Suche. Irgendwo musste der Fuchs ja sein und/oder Mikas Überreste. Tatsächlich fand ich diese auf unserem anderen Grundstück in der alten Scheune, denn dort hielt sich der Fuchs oft auf. Ich habe ihn dort auch schon mal angetroffen. Okay, der Anblick von Mikas Skelett war nicht minder verstörend, doch wenigstens konnte ich ihre Überreste wieder dorthin bringen, wo sie hingehörten. Hach ja, solche Vorfälle sind das Salz in der Suppe für ein Leben auf dem Land. Man lernt immer noch etwas dazu.

Nachdem Mika nun endgültig weg war, brach die Gemeinschaft irgendwie völlig auseinander. Vorher gab es eine ganz klare Rangfolge: Mika, dann lange nichts. Ich, mein Mann und die anderen Fellnasen waren nur Fußvolk, die Mikas Launen unterworfen waren. Aber sie fehlte. Auch wenn sie oft ruppig war, so wusste sie immer ganz genau, was zu tun war. Sie hatte ihr Revier im Griff und auch heute kommt uns ab und an ein wehmütiges: »Das hätte es bei Mika nicht gegeben«, über die Lippen. Nie werde ich vergessen, wie diese kleine Pummelfee einem ausgewachsenen Silberrücken gleich, über die Straße stolzierte und den Respekt des Nachbarkaters einforderte. Mit Erfolg, möchte ich erwähnen. Doch diese Ära lag hinter uns und es wurde Zeit, dass ein neues Chefchen gewählt wurde. Yuki war dafür zu jung und er hatte ganz andere Dinge im Kopf, als den neuen Boss zu spielen. Viele andere Dinge. Dinge, die nur er lustig fand. Ruby war ein guter Kandidat. Mit ihrer freundlichen Art löste sie eigentlich recht schnell Konflikte, allerdings ist sie von Natur aus leicht nervös und gerät schnell in Stress, wenn sie eine Situation nicht kennt. Tja, und Lenchen hatte schlichtweg keinen Bock. Sie machte weiterhin einen auf einsamen Tiger und war kaum noch zuhause. Doch jeder wächst mit seinen Aufgaben und unser Dreiergespann musste lernen, dass sie nur zusammen wirklich stark waren.

Mika war die unangefochtene Chefin und das nicht nur über die anderen beiden Mädels. Nein, auch wir Menschen nahmen Rücksicht, wenn Madame sich auf einem Platz niederließ, der eigentlich für uns gedacht war. Wenn Mika den Sessel meines Mannes als Schlafplatz auserkoren hatte, dann war das eben so. Dürfte klar sein. Dennoch war sie meine beste Freundin.

Ja, sie hörte perfekt aufs Wort – wenn auch nicht aufs Erste – verstand, wenn ich ihr etwas sagte, ich konnte mit ihr spazieren gehen wie mit einem Hund und das ohne Leine und sie kam jeden Abend um dieselbe Uhrzeit rein. Mika funktionierte wie ein Uhrwerk und war uns Menschen bestens angepasst. Da sie von Natur aus etwas gemütlich und faul geraten war, fiel ihr das nicht schwer.

Kapitel 26

Ein Kater namens Karl, der auf Freiersfüßen wandelte

Wir bekamen mal wieder Besuch. Es war Winter und Mika lebte noch. Ein roter Kater, von dem ich erst dachte, Opi sei zurückgekehrt, jedoch handelte es sich um einen roten Jungspund, der bei der Kälte einen warmen Platz zum Schlafen suchte. Unser Schuppen steht dafür immer offen, also machte er es sich dort gemütlich. Am Morgen war er verschwunden, tauchte aber abends wieder auf. Durch den vielen Schnee war an Mäusejagen kaum zu denken und ich sah, wie sich der Rote, Reste beim Nachbarn klaute, die dieser seinen Katzen in den Garten wirft. Natürlich bin ich mir bewusst, dass man Streuner nicht unbedingt anfüttern soll, aber er war nun mal richtig ausgehungert und mein Katzenherz blutet, wenn ich so arme Geschöpfe sehe. Also bekam er seine Portion bei uns. Einen Napf durfte ich ihm hinstellen, aber sehr nah durfte ich dabei nicht kommen, denn er hatte panische Angst. Das legte sich auch in den kommenden Tagen, Wochen und Monaten nicht. Jedenfalls blieb er, also brauchte er auch einen Namen. Warum auch immer, aber mir fiel Karl als Erstes ein. Er schien ganz zufrieden damit zu sein, ich hörte jedenfalls keinen Protest.

Karlchen blieb und er verliebte sich in Muschki von nebenan. Die beiden waren sehr herzlich miteinander, schmusten, kuschelten und es gab sie nur noch im Doppelpack. Dafür konnte Karl unsere Ruby auf den Tod nicht ausstehen. Wahrscheinlich dachte er, eine rote Katze im Revier sei ausreichend. Am Anfang hatte Mika ihn noch ganz gut im Griff, doch als sie nicht mehr da war, nahm er diesen Umstand als Anlass, Jagd auf Ruby zu machen. Und das tat er, wann immer er sie sah. Sie war mittlerweile so verstört, dass sie über die Bahnschienen lief und sich ein neues Jagdgebiet suchte.

Grund für sein Verhalten war seine neugewonne Vaterschaft. Muschki bekam drei Kitten und Karlchen war ein sehr liebevoller Vater. Zu allen, bis auf eine. Wir beobachteten, dass zwei der Babys ihrem Alter entsprechend gewachsen waren, nur eine nicht. Muschki und Karl prügelten, wann immer sich die Kleine näherte, auf sie ein und Muschki verweigerte ihr die Milch. Unnötig zu erwähnen, dass das winzige Geschöpf von Tag zu Tag kraftloser wurde und sich ängstlich und alleingelassen vor der Türe des Nachbarn herumdrückte. Eines Morgens beobachtete ich, wie er achtlos über das Tierchen drüberstieg, sich in sein Auto setzte und davonfuhr. Kaltblütig! Nur die Harten kommen in den Garten. Ich sah meinen Mann an und er nickte. Wir mussten handeln. Allerdings hatte die Kleine Angst vor uns, aber wir besaßen ja eine Wunderwaffe! Prinz Yuki. Er war ja der große Bruder der süßen Maus und Yuki ist einfach der Freund von jedermann. Ich ging also mit einem Schälchen Futter nach draußen, sagte zu Yuki, er solle der Kleinen zeigen, dass sie keine Angst haben braucht und er flitzte los und holte das Baby. Brachte es bis zum Napf und so konnte ich sie schnappen und mit reinnehmen, wo sie sich erst einmal sattfressen durfte. Sie war so zerbrechlich, mehr tot als lebendig. Wir packten sie ins Körbchen und sind auf direktem Wege zum Tierarzt gefahren. Unsere Tierärztin war genauso geschockt wie wir, als wir ihr die Geschichte erzählten. Die Kleine wog nur 600 Gramm, war aber schon fast 12 Wochen alt. Sie hätte die nächsten zwei Tage nicht überlebt. Vom Tierheim bekamen wir Kitten-Aufzuchtmilch, um sie damit zu päppeln.

Bis hierher die Geschichte, die ich in einem extra Kapitel weiter erzähle. Jedenfalls nahm Ruby diesen Umstand und den, dass Karl ihr auch weiterhin nicht wohlgesonnen war, zum Anlass, eine große Dummheit zu begehen.

Zuerst konnten wir sie abends noch „abholen". Das sah folgendermaßen aus: Ich stellte mich an das alte Bahnhofsgebäude, das sich auf unserer Straße befindet, pfiff einmal laut und rief ihren Namen und sie antwortete. Dann kam das Fräulein Nervös angetippelt, erzählte - oder besser, brüllte mir den neusten Katzenklatsch um die Ohren - und ließ sich, wie sich das für eine verwöhnte Diva gehört, nach Hause schleppen. Wir reden hier immerhin von einer Katze, die es ausgestreckt auf über einen Meter zwanzig bringt! Aber in ihrem Herzen ist Ruby ein kleines Kuscheltier.

Na ja, das ging eine Zeitlang gut. Ich drückte mich am Bahnhof herum - man könnte an dieser Stelle auf merkwürdige Gedanken kommen - und wartete darauf, dass ich Ruby einsammeln durfte. Und irgendwann kam sie nicht mehr. Ich lief immer wieder hin, bis spät in die Nacht, bewaffnet mit Taschenlampe, aber sie kam einfach nicht. Ich hatte in meinem Leben noch nicht so viel Angst. Meine Ruby, die so pünktlich wie ein Uhrwerk funktionierte, blieb einfach weg. Am nächsten Morgen lief ich ganz früh los, aber wieder kein Lebenszeichen. Das ging den ganzen Tag so weiter und als Lenchen mitbekam, dass ihre BFS (Best Friends forever) nicht nach Hause kam, blieb sie auch weg. Ich kam vor Sorge fast um. Beide Mädels schienen sich einen Dreck darum zu scheren, dass ich heulte, nervlich völlig am Ende war und Angst um sie hatte. Jeden Tag drehte ich meine Runden, schickte meinen Mann durch unwegsames Gelände, wir fragten die Postbotin und fragten Leute aus dem Dorf, ob jemand Ruby gesehen hatte. Nach vier Tagen kam auch Leni wieder nach Hause und wirkte ziemlich deprimiert. Vielleicht hatte auch sie Ruby gesucht? Wir wissen es nicht, es könnte jedoch sein. An diesem Tag kontaktierte ich Tasso und bekam Flyer, die ich im Dorf aufhängte. Von jeder Laterne prangte uns Rubys Gesicht entgegen - aber sie blieb verschwunden.

Nach einer Woche dehnte ich meinen Suchradius aus. Auf der gegenüberliegenden Seite der Bahnschienen erstreckt sich ein kleines, verlassenes Wäldchen, mit einem matschigen Morast in der Mitte, in dem es jede Menge Frösche gibt. Unter anderem! Dort leben aber auch Wildschweine, Füchse und ein Adlerpärchen hat dort seinen Horst. Leider ist es sehr unzugänglich, weswegen wir nicht das komplette Gebiet absuchen konnten, aber wir hörten auch kein Sterbenswörtchen von ihr. Mein Mann gab die Hoffnung auf und das machte mir noch mehr zu schaffen. Nicht zu wissen, ob sie tot war oder irgendwo verletzt lag, machte mich wahnsinnig. Ich gab nicht auf! Jeden Morgen und jeden Abend drehte ich meine Runden, befragte weiterhin Nachbarn und irgendwann vernahm ich die ersehnten Worte!

»Ja, die haben wir gesehen! Vor vier Tagen hinter unserem Garten.«

Vier Tage! Mittlerweile war sie seit zwei Wochen verschwunden und sie war schließlich nicht die einzige rote Katze, die durch die Gegend streifte. Aber die Hoffnung stirbt zuletzt. Nun dürfte jedem bekannt sein, dass der Sommer 2018 verdammt trocken war, also wo hielt sie sich auf? Wo fraß und trank sie? Ich stellte noch zusätzliche Wasser-und Futternäpfe draußen auf, denn ich dachte, vielleicht kommt sie wenigstens nachts an Haus und isst etwas. Woche drei brach an und immer noch kein Lebenszeichen. So langsam glaubte ich auch nicht mehr daran, sie noch mal lebend wiederzusehen. Erst der Schock mit Mika und jetzt war auch noch Ruby weg. Meine beiden Lieblinge - ich war am Boden zerstört. Dennoch suchte ich unermüdlich Tag ein, Tag aus.

In der Mitte der vierten Woche stellte sich auch bei mir langsam das Gefühl ein, dass die ganze Sucherei sinnlos war. Doch durch irgendeinen Impuls sagte ich meinem Mann, als wir vom einkaufen nach Hause fuhren, er soll bitte noch ein letztes Mal den Weg am Wald langfahren, bis zu dem Feld, welches daran angrenzt. Er sah mich nur an, schüttelte mit dem Kopf, tat es aber. Ich rief und rief - nichts! Am Feld stieg ich aus, suchte mit den Augen die Gegend ab ... und erspähte etwas Rotes zwischen einem umgestürzten Baum. Ohne zu überlegen lief ich los. Rannte über das holprige Feld, konnte aber noch nicht erkennen, ob es Fuchs oder Katze war, was da zwischen dem Geäst hockte. Ich rief ihren Namen und plötzlich hörte ich ihre Stimme. Es war Ruby! Total verängstigt, dünn und dehydriert, aber körperlich unversehrt. Sie schmiegte sich in meine Arme, ließ sich ohne Probleme ins Auto schaffen und nach Hause bringen, wo sie sich erst einmal den Bauch vollschlug und schlief. Vierzehn Tage blieb sie drin, kuschelte mit mir, als gäbe es kein Morgen und war noch anhänglicher als zuvor.

Wir wissen immer noch nicht, was ihr passiert war und aus welchem Grund sie die fünfzig Meter Luftlinie nicht zurücklegte, um zu uns zu kommen, aber seitdem sind wir noch mehr zusammengewachsen. Ruby und ich - zwei Verrückte, die sich gefunden haben.

Kapitel 27
Gespräche mit meinen Katzen I
Ein Ding namens Reh

Ich liebe den Herbst und den Winter. Alles ist so friedlich und ruhig und die Wildtiere kommen bis in den Garten. Bei uns tummelt sich alles: Igel, Eichhörnchen, Marder, Füchse, Waschbären und Rehe. Wenn Waschbären im Garten waren, merke ich das morgens immer an den Hinterlassenschaften. Sie kacken einfach überall hin. Einmal saß sogar morgens einer bei den Futternäpfen und schlug sich den Bauch voll, ignorierend, dass um ihn herum sechs Katzen saßen und vor lauter Staunen die Schnuten nicht mehr zubekamen. Als er satt war, watschelte er zufrieden davon.

Meine Katzen haben keine Angst vor Waschbären, dafür aber vor ... Rehen! Jeder weiß doch, was so ein Reh im Blutrausch alles anrichten kann, oder? Liest man doch tagtäglich in der Zeitung: *Katze wurde von Reh mordlustig umgebracht!* Nein, das ist keine Schlagzeile der Bildzeitung, sondern das, was Leni denkt.

Ich: »Leni, was ist dein Problem? Warum gehst du nicht raus?«

Leni: »Na klar, raus! Geh selber raus, wenn du dich traust.«

Ich: »Warum sollte ich mich nicht trauen? Da draußen ist nur unser Garten.«

Leni (duckt sich): »Psst. Du machst es wütend.«

Ich: »Wen?«

Leni: »Nicht wen - was! Das Ding da, im Vorgarten!«

»Das ist ein Reh!«

Leni: »Mir egal, wie du das nennst, es ist gruselig. Mach es weg!«

Ich: »An einem Reh ist überhaupt nichts Gruseliges. Es ist nur ein Reh.«

Leni: »Ist klar, als wenn ich dir glaube. Du behauptest ja auch, dass ein Tierarztbesuch nicht schlimm ist.«

Ich: »Ist er ja auch nicht. Du musstest noch nie wegen schlimmer Sachen zum Doc.«

Leni: »Ich hatte Ohrmilben!«

Ich: »Das war aber nicht schlimm.«

Leni: »Ich bekam Ohrentropfen!«

Ich: »NiCHT SCHLIMM!«

Leni: »Du bist so empathielos. Das Reh ist übrigens immer noch da.«

Ich: »Es sind zwei Rehe. Zählen kannst du auch nicht.«

Leni: »Manchmal finde ich dich richtig doof.«

Ich: »Ich dich auch! Warum hast du Angst vor Rehen? Die tun nichts, du bist denen völlig egal.«

Leni: »Ich bin ein Tiger.«

Ich: »Nein, bist du nicht.«

Leni: »Doch!«

Ich: »Nein!«

Leni: »Doch! Ein wilder Tiger. Ich lebe gerne draußen, ich brauche keine Menschen. Ich bin frei und wild und ...«

Ich: »...und hast Angst vor Rehen. Du bist ein toller, wilder Tiger!«

Ein anderer Tag, ein anderes Reh, eine andere Katze!

Yuki: »Puh, gerade noch rechtzeitig! Gott sei Dank hattest du just in diesem Moment das Fenster auf.«

Ich: »Hatte ich nicht. Du hast wie immer mal wieder davorgestanden - schon wieder. Zum zehnten Mal heute Morgen.«

Yuki: »Aber jetzt war es wirklich nötig. Da draußen ist ein riesenhaftes, supergefährliches Tier.«

Ich: »Ein Reh vielleicht? Die habe ich vorhin auf dem Hang gesehen.«

Yuki: »Wenn man das so nennt. Wann gibt es Essen?«

Ich: »Steht im Napf.«

Yuki: »Hm, das ist aber von heute Morgen.«

Ich: »Von vor zwei Stunden. Iss oder sei still.«

Yuki: »Mampf - ist das Rehding noch da?«

Ich: »Keine Ahnung, interessiert mich ehrlich gesagt auch nicht.«

Yuki: »Wäre es zu viel verlangt, mal nachzugucken? Ich will ja gleich wieder raus - wenn ich hier fertig bin.«

Ich: »Herr Schnee, ich liebe dich wirklich sehr, aber du nervst mich zuweilen so dermaßen ...«

Yuki: »Sag nichts, was dir später leidtut. Bevor du deinen Satz vergisst, gibt es noch Nachschlag?«

Ich: »NEIN! Geh jetzt bitte wieder raus und komme erst heute Abend wieder, okay?«

Yuki: »Da sind Rehe.«

Ich: »Dann geh vorne raus. Da sind keine Rehe.«

Yuki: »Manchmal bist du echt schlau. Ich gehe also jetzt vorne raus - ja fast bin ich draußen. Siehst du, ich bin draußen.«

Ich: »Yuki, dein Kopf ist draußen. Nimm bitte den Hintern noch mit. Und die Pfoten. Und jetzt den Schwanz. Danke!«

Yuki (von außen): »Ruf mich, wenn es Abendessen gibt, okay. Ach, lass mal, ich komm in einer Stunde noch mal rein.«

Kapitel 28
Ein Alien-Baby

Wie ich schon im letzten Kapitel anschnitt, hatten wir Yukis kleine Schwester aufgenommen. Wir suchten nach einem Namen, bis mein Mann schließlich sagte, sie sähe wie ein Alien aus. Irgendwie stimmte das auch ein bisschen. Die Augen stachen viel zu groß aus dem kleinen Kopf und dem zu dünnen Körper heraus. Wir nannten sie schließlich Allie.

Yuki kümmerte sich rührend. Er putzte sie, kam mehrmals täglich rein, um mit ihr zu spielen oder mit ihr zu kuscheln, kurzum, er war die Mutter, die sie nie hatte. Tja und auch ich kam erstmal in so etwas wie Mutterfreuden, denn Allie bekam zusätzlich Kittenmilch im Fläschchen. Schon bald war sie über den Berg, nahm fleißig zu und entwickelte sich zu einem ganz normalen Katzenkind, wenn auch mit etwas zu kurzen Beinen. Es war dennoch erstaunlich, wie toll sie springen konnte. Wir beobachteten, wie sie eigene Techniken entwickelte, um an der Kletterwand hochzukommen. Es sah manchmal sehr lustig aus, besonders, wenn Leni Langstelze oder Riesen Ruby mit zwei Sätzen auf dem Ofen saßen und Allie umständlich versuchte, es den Großen nachzumachen. Doch irgendwann war sie genauso schnell und wuchs auch endlich etwas.

Ihr Kastrationstermin war auf die erste Januarwoche angesetzt, doch das sollte gehörig schiefgehen. Einige Tage vor Weihnachten wurde Madame rollig. Okay, dachten wir, das ist zwar jetzt Mist, aber bis Januar ist ja nicht mehr lang. Einen Tag vor Heiligabend allerdings schwoll ihr Gesäuge an. Ganz massiv sogar. Leider hatte unsere Tierärztin aus Krankheitsgründen die Praxis geschlossen, sodass wir auf eine andere Ärztin ausweichen mussten. Ich gebe es zu, ich stelle gerne vorab Diagnosen! Muss wohl an meiner medizinischen Vergangenheit liegen. Nervt es manchmal die Götter in Weiß? Aber sicher doch! Aber diesmal war es tatsächlich unser, oder besser gesagt, Allies Vorteil, denn sonst hätte die Ärztin wahrscheinlich nicht gewusst, was sie machen sollte. Die kleine Katzendame litt an Hyperplasie, was eigentlich nur bei älteren Katzen auftritt. Irgendwie war die junge Ärztin völlig überfordert, sagte mir, dass sie das in dem Ausmaß noch nie gesehen hatte und schickte uns nach Hause, mit der Aufforderung, das Gesäuge zu kühlen. Wir sollten aber direkt nach den Feiertagen wiederkommen, bis dahin, so versprach sie, wollte sie sich schlaumachen. Zum Glück hatte Allie weder Schmerzen, noch wurde sie dadurch körperlich beeinträchtigt, aber bis nach den Feiertagen war ihr Bauch von apfelsinengroßen Beulen übersät. Wir fuhren also wieder zum Arzt, dieses Mal war noch eine weitere Ärztin zugegen, und bekamen abschwellende

Medikamente. Leider war es zu riskant, direkt zu kastrieren, also mussten wir warten, bis die Schwellung zurückging. Tat sie aber nicht! Also entschieden die beiden Ärztinnen, es doch zu riskieren und operierten sie. Und sie haben großartige Arbeit geleistet! Danach jedoch schwächelte sie wieder, bekam Fieber und hatte massiven Durchfall. Also wieder zum Doc. Positiver Test auf Giardien. Allie nahm so ziemlich alles mit, was es so an Unwohlsein gibt.

Besonders groß ist sie heute immer noch nicht, insgesamt ist sie eher rundlich, aber sie hat sich zu einer selbstbewussten Lady entwickelt. Besonders wenn ihr Bruder in der Nähe ist, dreht sie manchmal völlig hohl. Lieb gemeint, natürlich, aber Katzenbesitzer kennen diese gewissen fünf Minuten. Draußen ist sie am liebsten alleine - oder eben mit Yuki, der wie ein Schießhund aufpasst, sobald zwischen den Damen ein kleiner Zickenkrieg entsteht. Allie nimmt nämlich gerne Rache an ihrer Mama und Schwester Pixie - obwohl die am allerwenigsten dafür kann und ein ganz lieber Schatz ist. Aber so ist Klein-Allie. Irgendwie ein bisschen wie Mika damals. Die Kleinste und Kompakteste, aber mutig wie ein Löwe. Lustig, dass ihr Lieblingsort ebenfalls die alte Scheune ist und dass sie sich ebenso gerne von dort abholen lässt. Haben wir vielleicht die Chance auf ein neues Chefchen? Dieser Posten ist nämlich immer noch zu haben. Leni hat darauf überhaupt keine Lust, obwohl sie dem Alter nach den Anspruch hätte. Aber die »wilde« Tigerin zieht die Einsamkeit vor und ist im Sommer manchmal tagelang nicht zuhause. Ruby hatte ich eigentlich im Visier, aber alleine wäre sie dazu gar nicht in der Lage. Sie geht lieber ihrem größten Hobby nach: Alles fangen, was bei drei nicht auf den Bäumen ist. Yuki - tja, Prinz Yuki, der Erste und Einzige. Wären da nicht die Horden Affen, die ständig durch seinen Kopf turnen würden. Will sagen: Yuki ist ein Schelm, ein Tunichtgut, ein Witzbold. Chef? Was ist das? Kann man das essen? Er ist ein Goldstück, kümmert sich um alle, aber Anführer? Nein! Es sei denn, dafür gäbe es den goldenen Fressnapf zu gewinnen.

Wir warten einfach mal, was aus Miss Allie noch wird.

»Ein Hund denkt: Sie lieben mich, sie pflegen mich, sie füttern mich. Sie müssen Götter sein. Eine Katze denkt: Sie lieben mich, sie pflegen mich, sie füttern mich. Ich muss ein Gott sein.«

Verfasser unbekannt

Kapitel 29
Gespräche mit meinen Katzen II
Besuch mit Hund

Wir hatten neue Freunde. So weit, so gut. Eigentlich sind sie sehr nett, aber sie haben einen Hund. Oder zumindest das, was man anatomisch gerade noch so als Hund bezeichnen kann. Okay, Sandy ist sehr süß, sie lebt sogar mit einer Katze, wissen aber meine nicht. Oder sie ignorieren diese Tatsache und halten ihre Artgenossin für die schwächste Katze diesseits der Hemisphäre. Hunde? Nein, die kommen nicht rein!

Wir versuchten es trotzdem - insgeheim dachten wir, man könnte die Monster irgendwie daran gewöhnen, denn ein Hund wäre schon schön in der Familie. Jaaaa, in der Menschenfamilie. Die im Grunde nur aus zwei Personen besteht. Wir befinden uns also eindeutig in der Unterzahl. Wir lernen es einfach nie! Bei diesem Thema musste ich heute lachen. Eine sehr gute Facebook-Freundin betitelte sich als Besitzerin ihrer Katzen. Ich hätte sie gerne in den Arm genommen, sie gewiegt wie ein Kind und ihren Kopf gestreichelt. Damit die Wahrheit nicht so weh tut! Nein, meine Liebe, wir besitzen unsere Katzen nicht, wir schätzen uns glücklich, dass sie uns in ihrer Umgebung akzeptieren. Sei froh, dass du die gleiche Luft atmen darfst!

Zugegeben, Sandy war etwas nervös. Neue Umgebung, alles roch anders und sie witterte überall neue Katzenfreunde. Hach ja, armes, dummes Hundchen. Sandy war also drin, die Katzen draußen. Allie kam als Erste, um den Besuch zu begrüßen. Man will sich ja schließlich nichts nachsagen lassen. Höflichkeit First und so. Sie springt ans Fenster, ich öffne und in dem Moment zischt Sandy an mir vorbei, um die neue potentielle Freundin zu begrüßen. Es sei dazu gesagt, dass Allie bis dahin in ihrem Leben noch keinen Hund gesehen hatte. Sie sprang zurück und dann ging es los.

Allie: »Ähm, sorry, was bist du denn?«

Sandy: »Ein Hund - glaub ich. Ich mag Katzen! Komm her!«

Allie: »Ist klar! Ich weiß nicht, was ein Hund ist, aber dieses: Ich mag Katzen, klingt echt nicht so wirklich vertrauensvoll. Leg dir ne andere Masche zu.«

Sandy: »Also gut, ich hab nichts gegen euch. Meine beste Freundin Jacee ist auch eine Katze. Dein Futter riecht übrigens toll.«

Allie: »Okay, ich finde dich zwar irgendwie sehr merkwürdig, aber da du gerade Futter erwähnst! Richtig erkannt, Schlaumeier: mein Futter! Ich komm jetzt rein, also benimm dich.«

Sandy: (Hebt bald ab vor Schwanzwedeln und Aufregung): »Oh ja, komm rein. Lass uns spielen!«

Allie: »Ich spiele grundsätzlich nicht. Du müffelst komisch. Ich weiß nicht warum, aber ich kann dich schon jetzt nicht leiden!«

Ich: »Allie, sei freundlich. Sandy tut nichts.«

Allie: »Was soll das heißen, sie tut nichts? Grundsätzlich, oder was?«

Ich: »Das weiß ich doch nicht.«

Allie: »Aha, du stellst also die Behauptung auf, dass sie nichts tut, obwohl du dir in diesem Punkt völlig unsicher bist? Anderes Thema. Ist noch was von meinem Futter übrig? Und warum sind hier eigentlich fremde Menschen und die hocken auch noch auf unserer Couch? Kannst du mir verraten, wo wir gleich schlafen sollen?«

Ich: »Du schläfst nie auf der Couch.«

Allie: »Ich könnte aber, wenn ich wollte.«

Ich: »Natürlich könntest du das, du tust es aber nicht.«

Allie: »Und wenn ich heute damit anfangen wollte?«

Ich: »Möchtest du nicht noch eine Runde spazierengehen? Geh doch mal irgendeinen Baum zuquatschen.«

Allie: (Dampft hocherhobenen Schwanzes ab.) »Alles was ich sagte, war, dass ich könnte, wenn ich wollte. Aber beherberge du mal lieber Fremde. Wirst schon sehen, was du davon hast. Vielleicht komme ich heute gar nicht mehr rein.«

Ich: »Allie, wir wissen beide, dass du gleich wieder auf der Matte stehst und nicht draußen bleibst.«

Allie: »ICH KÖNNTE ABER, WENN ICH WOLLTE!«

Natürlich kam sie abends rein, fand Sandy zwar immer noch merkwürdig, ihre Angst hielt sich aber in Grenzen. Anders bei Yuki.

Yuki: » Maaaammmmaaaa, da ist ein Hund! In unserem Haus! Kannst du bitte was dagegen tun?«

Ich: »Nein. Sandy ist zu Besuch hier.«

Yuki: »Wer hat sie eingeladen?«

Ich: »Na, sie kam mit ihren Menschen.«

Yuki: »Und wer hat die eingeladen?«

Ich: »Wir.«

Yuki: »Warum wurden wir darüber nicht informiert? Oder noch besser -GEFRAGT? Ich sag das jetzt mal in aller Deutlichkeit: Hunde sind Kacke. Brauch ich nicht, will ich nicht, damit kannst du mich jagen.«

Ich: »Das macht sie vielleicht auch, wenn du dich nicht benimmst.«

Yuki: »Super lustig. Gab es heute Morgen Taurin mit einer extra Portion Clown für dich, oder was?«

Ich: »Möchtest du jetzt reinkommen?«

Yuki: »Nein! Da drinnen ist ja Besuch mit Hund.«

Ich: »Okay, dann bis später.«

Yuki: »Es wird kein später geben, es sei denn, der Hund verschwindet.«

Ich: »Erst morgen, die schlafen hier.«

Yuki: »Na, dann ... Bleib ich eben weg!«

Ich: »Du wirst sterben ohne Futter.«

Yuki (faucht): »Das ist natürlich ein Argument. Aber denke nicht, dass du gewonnen hast.«

Ich: »Komm schon, du bist doch mein Prinz. Soll ich dich drücken?«

Yuki: »Futter und Schmusi? Frau, du hast es echt drauf, mein Herz zu brechen. Aber denk nicht, das Thema fremder Hund ist damit von Tisch!«

Ruby verhielt sich übrigens ausnahmsweise sehr gesittet und Leni ... tja, Leni kam irgendwann abends rein und unterhielt die Massen.

Aber ich erinnere mich an Mika. Mika hasste Kater - das haben wir in diesem Buch ja nun ausführlich beleuchtet - aber sie hasste eines noch mehr: Hunde!

Trixi, unsere ehemalige Nachbarshündin, war eine freundliche Spitzmischlingshündin. Sie kam immer an den Zaun und begrüßte jeden laut bellend und schwanzwedelnd. Ich mochte sie - Mika nicht.

Mika: »Verpiss dich! Verpiss dich, Verspiss dich! Ich werde dich töten, klonen und noch mal töten.«

Trixi: »Oh, ein lustiges schwarzes Tier. Haaaallllo!«

Mika: »Ich schlag dich zu Brei. Halt bloß deine blöde Klappe!«

Trixi: »Hey, warum bist du denn so aggro? Ich mach doch gar nichts.«

Mika: »Deine bloße Existenz ist eine Beleidigung. Du Fehler der Natur! Bleib bloß da, wo du bist!«

Trixi: »Hallo? Zaun?! Wie soll ich denn zu dir kommen?«

Mika: »Pff, nicht mal springen kannst du. Ich sag ja, Fehler der Natur. Ey, das habe ich gesehen, du bist näher gekommen.«

Trixi: »Nur ein Stück.«

Mika: »Ich reiß dich in Fetzen! Komm ruhig noch näher, dann wirst du schon sehen, was Sache ist.«

Trixi: »Komm du doch! Ich beiß dir in den dicken, schwarzen Hintern!«

Mika: »Komm du doch!«

Trixi: »Nein, komm du doch!«

Ich könnte ewig so weitermachen, aber um die Sache abzukürzen: Trixi hatte am Ende eine blutige Nase.

Kapitel 30
Ein Männlein steht im Walde

Als ich mir vornahm, dieses Kapitel zu schreiben, dachte ich, es würde eine Geschichte voller lustiger Episoden und langjähriger Freundschaft werden. Na ja ...

Mein Mann und ich wollten zum Shoppen nach Neubrandenburg fahren - hier muss man ja für alles eine halbe Weltreise machen, um an das gewünschte Zeug zu kommen. Egal, wir genießen die Fahrten über die Landstraßen und durch Wälder und Felder. Wir fahren also, ich genieße die vorüberziehende Landschaft, bis wir an einem Waldparkplatz vorbeikommen, vor dem ein totes Kitten am Straßenrand lag. Vielleicht hätte ich einfach darüber hinwegsehen sollen, wie die meisten Menschen. Vielleicht, aber ich tat es nicht. Denn wo kommt so ein Katzenbaby her, wenn weit und breit keine Häuser stehen? Wir drehten, fuhren zurück und ich sagte zu meinem Mann:

»Wo eins ist, sind noch mehr. Lass uns suchen!«

Wir mussten nicht lange suchen. Zwischen abgelegten Autoreifen, verborgen zwischen Gestrüpp und Brombeeren, sah ich zwei weitere Babys. Okay, was tun? Weit und breit weder ein Mensch, noch eine Mutterkatze. Die beiden Zwerge wirkten ziemlich ausgehungert, weswegen wir sie mit dem lockten, was wir im Auto hatten: Croissants. Zwerg Nummer eins, eine Kopie von Pebbie, kam sofort und ohne Angst auf mich zu und wehrte sich auch kaum, als ich es hochnahm und zum Auto brachte. Bei Waldzwerg Nummer zwei gestaltete sich die Aktion schon schwieriger, denn der kleine Wusel war echt geschickt und ziemlich wehrhaft. Etwa eine halbe Stunde dauerte es, bis ich ihn packen konnte - blutige Hände inklusive - und ihn sicher in den Wagen verfrachtet hatte. In Ermangelung eines Transportkorbes - wir erinnern uns, wir wollten ja eigentlich shoppen und hatten unsere Ausgehklamotten an, also die »Hurra, wir fahren in die große Stadt Kleidung« - steckte ich beide kurzerhand in meine Handtasche. Wusel eins . Pebbie 2.0 - war direkt mit mir auf einer Wellenlänge. Ich wusste sofort, das ist ein Zickchen. Die frechen, kleinen grünen Augen blitzten, sie war neugierig und hatte überhaupt keine Angst. Wir nannten sie Cookie, irgendwie sah sie ein bisschen wie ein Oreo aus. Der andere Zwerg war ein Kämpfer. Stämmig, weißer Tigerprint und einen lustigen Klecks auf der Nase. Das war Muffin - wie wir einen Tag später von der Ärztin erfuhren, ein Katerchen, aber das hatte ich mir schon gedacht. Wir informierten den Tierschutz, damit nach weiteren Kitten und der Mutter gesucht werden konnte, doch es wurde keiner mehr gefunden. Leider gab es auch in diesem Jahr wieder eine Fülle an ungewollten Katzenbabys, sodass sämtliche

Tierschutzvereine und das Tierheim restlos überfüllt waren. Also behielten wir sie erst einmal bei uns.

Die kleinen Gebäckstücke waren zirka 6-7 Wochen alt und nach nur zwei Tagen gehörte das Haus ihnen. Wir wollten sie eigentlich vermitteln, aber irgendwie auch nicht. Nach dem Motto: Ja -Nein-Vielleicht. Die Leute auf Facebook wussten natürlich bereits, dass ich sie nicht wieder abgab! Aber man kann doch wenigstens versuchen, den Schein zu wahren, oder? Wo vier satt werden, werden auch sechs satt. Yes, we can! Wir schaffen das!

Nein, keine Politik in diesem Buch. Ich war Cookie mit Haut und Haaren verfallen - im wahrsten Sinne des Wortes. Ich gebe zu, ich habe eine Schwäche für die Schwarz-Weißen und seit ich Pebbie kennenlernen durfte, erst recht. Aber Cookie übertrumpfte Pebbie bei Weitem. Sie machte von Anfang an ganz deutlich klar, dass sie mich will! Jaaa, sie wollte mich und meinen Arm, den sie mit Krallen malträtierte und daran nuckelte, als gäbe es kein Morgen. Ich wispere nur: Vampirkatze! Manchmal hatte ich wirklich den Eindruck, sie wollte so lange meinen Arm bearbeiten, bis sie Blut schmeckte. Ihre winzigkleine, grünen Funkelaugen verrieten uns immer, wenn sie etwas im Schilde führte und das war nicht wenig. Sie war Muffin haushoch überlegen, wenn es um Intelligenz ging. Sie gab den Ton an, auch wenn er fast schon doppelt so groß war wie sie.

Muffin war eher eine Schmusebacke, der zwar auch toben konnte, aber er genoss es, einfach nur unsere Körper zu spüren. Besonders gerne lag er unter der Bettdecke. Er war nicht ganz so zugänglich wie Cookie, die alles dafür tat, um Aufmerksamkeit zu erlangen. Dafür liebte er seinen Kumpel Yuki, der richtig Spaß an den Zwergen hatte. Mit Muffin hatte auch er endlich einen männlichen Kollegen, mit dem er balgen konnte, ohne großes Mädchen-Mimimi.

Muffin war der Mini-King der Toilette. Er entwickelte geradezu eine Passion darin, darin herumzuscharren und mich dabei zu beobachten, wenn ich es säuberte. Sie hingegen ... Cookies Pissattacken werden in die Geschichte eingehen! Babykatzen bedürfen besonderer Maßnahmen, um sie stubenrein zu bekommen, das weiß ich natürlich und habe selbstverständlich dementsprechende Maßnahmen ergriffen. Normalerweise nutze ich Naturstreu aus Holz oder Zellulose und hatte bisher nie Probleme. Aber dann kam Cookie. Ihre kleinen Pfötchen mochten die grobe Streu nicht, daher pinkelte sie daneben. Ich tat etwas Erde in die Klos, damit sie sich erinnerten. Cookie pinkelte auf den Vorhang. Ich kaufte ganz feine Streu, mit extra Duft. Sie erraten es sicherlich! Cookie pinkelte auf den Vorhang im Wohnzimmer. Ich vermag nicht mehr zu zählen, wie oft ich die Vorhänge unseres Hauses im letzten Sommer gewaschen habe! Nur um das zu erwähnen Muffin fand alles toll! Hauptsache, er konnte irgendwas zuscharren. Der kleine Neurotiker.

Irgendwann fing Cookie an, auf die Couch zu pieseln. Und auf uns, wenn wir nachts schliefen. Sie pinkelte einfach überall, was meinen Mann auf die Palme brachte. Verständlich. Ich wusch und wusch und wusch. Schimpfte zwischendurch, setzte sie immer wieder aufs Klo, nein, sie machte einfach dort, wo sie wollte. Okay, dann eben anders. Also machten wir eine Art Toilettentraining. Alle zwei Stunden wurde sie von uns aufs Klo gepackt - natürlich von Muffin sorgsam beobachtet - und siehe da, es klappte. Es lag also nicht daran, dass Cookie etwas Böses wollte, sondern sie vergaß es einfach. Irgendwann ging sie von ganz alleine und meine Wascherei fand ein Ende.

Aber davon abgesehen waren wir ganz verliebt in die Zwerge. Cookie und ich ... das wäre eine Liebe fürs Leben geworden. Sie besaß genau den Humor, den ich bei Katzen so liebe. Aber dann ... Eines Tages bekam Cookie Fieber. Ich gebe zu, wenn eine meiner Katzen krank wird, bin ich immer am Rande eines Nervenzusammenbruchs, nicht zuletzt deswegen, weil ich einfach schon zu viele Hiobsbotschaften bekommen habe. Oder anders: Ich rieche schlechte Nachrichten förmlich. Die erste Diagnose: Fieber, ein leichter Schnupfen, alles nicht ungewöhnlich. Wir bekamen Antibiotika, mit der Aussage, in der nächsten Woche wiederzukommen, sofern es nicht besser wird.

Es ging Cookie wieder gut, alles war in Ordnung, zumindest für ein paar Tage. Dann bekam sie wieder Fieber. Es wurde Blut abgenommen und eine erste vorsichtige Diagnose gestellt: FIV.

Okay, damit konnte ich leben. Wir würden Sicherheitsvorkehrungen treffen, aber das war erst mal noch ein Todesurteil. Also erneut Antibiotika, drei Tage später würde ich das Ergebnis aus dem Labor bekommen, doch tief im Inneren ahnte ich es bereits. Meine Befürchtung wurde durch einen Anruf bei der Ärztin bestätigt: Leukose! Cookie war Pebbie in vielem so ähnlich, aber musste sie denn wirklich dieselbe Krankheit haben? Sollten wir uns wieder ansehen müssen, wie sich eine unserer Lieblinge quält und langsam dahinsiecht? Und vor allem: Es bestand Gefahr für die anderen.

Wie auf Knopfdruck fing auch Muffin an zu schwächeln. Die gleichen Symptome, sodass uns klar war, beide hatten es bereits von Geburt an gehabt und würden uns wohl in Kürze verlassen. Wir verbrachten ein letztes, schönes Wochenende. Als würden sie merken, dass ihnen nicht mehr viel Zeit blieb, griffen sie noch mal ordentlich in die Trickkiste ihrer Kaspereien. Es tat weh, denn uns war bewusst, dass es ein letztes Aufbäumen war.

Am Montag schwächelte Cookie wieder und wollte nicht mehr essen. Dienstagmorgen kam sie orientierungslos aus dem Schlafzimmer getorkelt, schaffte es nicht mehr, auf die Couch zu springen und wankte ungebremst gegen die Treppe, obwohl sie eigentlich in eine ganz andere Richtung wollte. Wir wussten, der Zeitpunkt war gekommen und so fuhren wir zum Arzt und erlösten sie. Zwei Tage später saßen meine Freundin und ich zusammen beim Kaffee, als plötzlich Muffin wie am Spieß schrie. Er war auf dem Klo gewesen und war dabei, sich zu putzen. Ich hob ihn hoch und sah, dass sein Darm nach außen getreten war. Im selben Moment erbrach er Blut. Auch er ging an diesem Tag über die Regenbogenbrücke.

Cookie und Muffin - unsere Waldkobolde - durften nur dreizehn Wochen alt werden, weil sie einer Krankheit erlagen, die man leicht durch Kastration bei Freigängern eindämmen könnte.

Kapitel 31
Gespräche mit meinen Katzen III
Nächtliche Ruhestörung

Heute war ich nicht, ÜBERHAUPT NICHT, gut drauf - Ansprechen also nur auf eigene Gefahr!

Es fing so perfekt an. Es war letzte Nacht sehr kühl, ich kuschelte mich in meine Bettdecke - das erste Mal seit Monaten, dass ich etwas anderes als nur ein Laken zum Zudecken verwendete - und schlummerte selig ein. Um 3.00 Uhr wurde ich wach - Leni auch!

»Hey, guten Morgen! Das ist ja ein Zufall, ich wollte gerade fragen, ob ich raus kann. Darf ich?? Kann ich?? LASS MICH RAUS! JETZT! SOFORT!«

Also das Tier in die Nacht entlassen - was man eben so um 3.00 Uhr morgens macht. Wo ich schon mal wach war, bin ich schnell zur Toilette geflitzt, möglichst leise, denn ich wollte ja nicht ... Zu spät!

Cookie: »Hey du! Auch wach? Ich bin sowas von fertig mit Schlafen, und du? Können wir was Lustiges machen?«

»Nein, Cookie, es ist mitten ...«

»Hab gerade mal Muffin geweckt, der soll doch auch Spaß haben!«

»Cookie, NEEEEEIN!«

Yuki: »Ach, gibt es schon Frühstück?«

»Ihr seid Monster! Ich will schlafen!«

Muffin: »Ich habe mal gehört, nachts sind alle Katzen grau.«

»Soll mir das jetzt irgendwas sagen?«

Muffin: »Dachte, ich erwähne das mal. Ich zeig dir mal, wie toll ich klettern gelernt habe.«

»Interessiert mich nicht!«

Cookie: »Fang mich!«

»Nein!«

»Fang mich!«

»NEIN!«

Neue Strategie: Katzen ignorieren. Während Yuki sämtliche Näpfe leerfegte, verkroch ich mich klammheimlich ins Bett.

Muffin: »Ich kann auch im Dunklen klettern.«

Yuki: »Sag mal, gibt es irgendwo noch was zu essen? Hörst du schlecht, Frau? Ich habe noch ein Loch im Magen, das gestopft werden will.«

Ruby: »SCHNAUZE, ihr Freaks! Wir wollen schlafen!«

»Danke, liebste Ruby.«

Ruby: »Ich hatte dir das schon mal gesagt: Ihr habt einfach zu viele Katzen. Leni, Allie und ich würden vollkommen ausreichen. Wir könnten gemeinsam einen Plan schmieden, um diese Bande loszuwerden.«

»Ernsthaft? Um diese Uhrzeit?«

Muffin: »Guck mal, ich bin auf dem Schrank. Toll, wie gut ich klettern kann, oder?«

Cookie: »Oh, oh! So ein Mist. Ich muss Pipi, das Klo ist aber so weit weg. Oh, oh. Jetzt habe ich dummerweise auf die Bettdecke gepinkelt. Aber hey, ich bin niedlich, oder Mama? Ich habe dich wirklich seeehr lieb.«

»RAAAAUS! ALLE ZUSAMMEN - RAAAUS!«

Kuschelige Bettdecke entsorgt, Yuki und die kleine Teufelsbrut in den Flur verbannt und mich frierend unter einer Wolldecke zusammengerollt.

»Katzen erreichen mühelos, was uns Menschen versagt bleibt: durchs Leben zu gehen, ohne Lärm zu machen.«
Ernest Hemingway

Kapitel 32
Warum so viele?

Der Tod von Cookie und Muffin hatte mich sehr mitgenommen, doch mir blieb kaum Zeit zum Durchatmen. Dieses Kapitel ist quasi Echtzeit, denn wir stecken noch mitten drin in der Episode: Im Dutzend billiger!

Natürlich war mir nicht entgangen, dass die Katzen des Nachbarn wieder schwanger waren und Kleine hatten. Uns war mal wieder ein Streuner zugelaufen - ein roter Perserkater, den ich aber einfangen und zum Tierheim bringen konnte. Eines Tages wuselten drei Wollknäule durch unseren Garten. Rot in allen Schattierungen und ... ein schwarz-weißes Katerchen. Ich hätte heulen können, sah der kleine Kerl doch wie Cookie aus, also wieder mal mein Beuteschema. Aber nein, für mich hatte sich das Thema Katzenbabys erledigt. Tags darauf traute ich meinen Augen nicht, als ich den Garten kam. Aus drei waren plötzlich neun geworden! Neun Mini-Zwerge plus die drei Teenies, die Pixie sieben Monate zuvor zur Welt gebracht hatte. Wir waren also mit einem Dutzend Katzenkinder »gesegnet«. Ich wusste nicht, ob ich lachen oder heulen sollte, aber eines wusste ich: Ich würde diese kleinen Lebewesen durchbringen und dafür sorgen, dass es das letzte Mal war., auch wenn ich unseren Nachbarn immer noch zwingen konnte, Muschki und Pixie kastrieren zu lassen. Wir fütterten also insgesamt vierzehn Katzen - unsere nicht mit gerechnet - und natürlich erzählte ich auf Facebook davon. Zusätzlich schrieb ich drei Tierschutzvereine und das Tierheim an und bat um Hilfe, die man mir jedoch verwehrte, mit der Aussage, man könne sich nicht darum kümmern, es würde überall Hilfe benötigt. Also schaltete ich eine Anzeige auf E-Bay, um die Kleinen zu vermitteln und bat erneut den Tierschutzverein, wenigstens dies zu teilen. Doch wieder wurde ich abgeschmettert und sogar des Diebstahls bezichtigt, denn laut Aussage der Dame, gehörten die Kitten dem Nachbarn. Nun, ich sah und sehe das ganz anders. Sie werden komplett von uns versorgt, lassen sich von mir kuscheln und halten sich permanent in unserem Garten auf. Er tut gar nichts, außer weiterhin leere Plastikverpackungen vor die Türe zu werfen, damit die Katzen den Fleischsaft auslecken können. Wer so mit Tieren umgeht, hat in meinen Augen jegliches Recht verloren, welche zu halten.

Auch ein erster Anruf beim Veterinäramt brachte zunächst keinen Erfolg, weshalb ich die Sache in die eigene Hand nahm. Ich startete auch auf Facebook einen Vermittlungspost und was dann geschah, war einfach unglaublich. Binnen eines Tages wurde dieser Post über 200 Mal geteilt. Mich schrieben Menschen an, die mich unterstützen wollten, ebenso welche, die Interesse an den Kitten hatten. Ich wurde fast schon genötigt, mein PayPal Konto oder meine Kontonummer zu nennen, damit man uns auch finanziell unterstützen konnte. Zunächst weigerte ich mich, denn es war unser Problem und ich bin niemand, der gerne um Hilfe bittet. Doch meine Freundin sagte:

»Die Leute wollen doch helfen, also lass sie! Nimm es an!«

Also nahm ich an und kam zwei Tage aus dem Heulen gar nicht mehr heraus, weil ich so gerührt und dankbar war. Es kam genug Geld zusammen, sodass es fast für den ganzen Monat Futter reichte. Die Ebay Anzeige brachte uns zwar keine Interessenten ein, dafür meldete sich aber jemand aus dem Dorf. Die junge Frau war auch erst vor kurzem hergezogen und ging öfter mit ihrer kleinen Tochter an unserem Haus vorbei spazieren. Sie erzählte, dass ihr dabei die vielen Katzen aufgefallen waren und sie sich immer gewundert hatte, wem diese gehören. Als ich ihr die ganze Geschichte erzählte, bot sie mir umgehend Hilfe an und kam ein paar Tage später zu Besuch. Auch die Amtsärztin fand endlich Zeit für uns und sah sich die Zustände an. Sie teilte mir dann endlich mit, dass sie die Angelegenheit in die Hand nimmt und sich dahingehend kümmert, dass wir auf legalem Weg die Katzen nächsten Monat kastrieren lassen können. Auch das Tierheim sagte uns dafür seine Unterstützung zu. Endlich hat das Drama hier ein Ende und die Mädels brauchen nicht alle halbe Jahre Kitten zur Welt bringen.

Wir sind sehr stolz, dass es allen 12 Zwergen wunderbar geht. Über Facebook haben wir liebe, neue Dosenöffner gefunden. Eine junge Frau schrieb mich an und erzählte, dass ihr Kater Krümel sehr leidet, seit seine Freundin im Sommer verstorben war und sie sich für Socke interessiere. Der große Teddybär fand bis dahin eher weniger Beachtung, daher war ich froh, dass ihn jemand adoptieren wollte. Sie kam also gemeinsam mit ihrem kleinen Sohn extra aus Niedersachsen angereist und freute sich auf Socke. Doch das Schicksal wollte es anders. Wir versuchten eine geschlagene Stunde, Söckchen zu fangen und in den Korb zu verfrachten - ohne Erfolg. Er dachte gar nicht daran, irgendwo anders hinzuziehen. Tja, was nun? Alle waren ziemlich enttäuscht, bis ich »Bounty«, den kleinen schwarz-weißen Zwerg bemerkte, der uns die ganze Zeit neugierig beobachte. Er kam plötzlich von ganz alleine an den Korb und schnupperte. Wir entschieden: Das wird Krümels neuer Kumpel! Also rein in den Korb und ab nach Niedersachsen. Mittlerweile heißt er Blitz, macht seinem Namen alle Ehre und hat seine neue Familie fest in den Pfoten. Es war Liebe auf den ersten Blick und genau so sollte es ja auch sein.

Am 31.10. ging es für vier Zwerge Richtung NRW. Doch auch hier kam alles etwas anders, als geplant. Die beiden Roten, die bunte Prinzessin Gypsy und einer von Muschiks Zöglingen waren für den Transport geplant. Meine Freundin fuhr an diesem Wochenende zu einer Bekannten nach Euskirchen und bot sich an, Katzentaxi zu spielen und die Zwerge in Wuppertal zu übergeben. So weit der Plan.

Am Abend zuvor brachte ich die zwei Roten, die mittlerweile sehr zutraulich waren, ohne Probleme ins Haus, wo sie das Gästezimmer in der oberen Etage bezogen. Bei Nummer drei gestaltete sich die Aktion schon schwieriger, denn der kleine Mann war eher scheu und ein Kämpfer noch dazu. Ich bekam also meine verdienten Kratzer, als ich ihn ins Haus verfrachtete. Fehlte noch die Prinzessin. Doch wie es sich für echte Diven gehört, stand ihr so gar nicht der Sinn danach, sich irgendwo reinquetschen zu lassen. Egal, was ich versuchte, sie hielt immer genau so viel Abstand, dass ich sie nicht erreichte. Wer denkt, kleine Katzen könnte man einfach einfangen oder überlisten, der darf dies gerne mal ausprobieren. Ich lache schon jetzt.

Am Abend rief meine Freundin an und teilte mir mit, dass ihre Bekannte auch Kitten wollte, und zwar die, die bei ihr im Garten lebten. Es waren insgesamt fünf. Eine Nachbarin hatte sie bei ihrem Auszug einfach dortgelassen. Na ja, ein Plan war schnell geschmiedet. Statt unserer Prinzessin sollte also noch eines von diesen Kitten mit. Am nächsten Morgen holte sie unsere dazu und fuhr dann mit insgesamt sieben Katzen quer durch Deutschland.

Allen bisher vermittelten Zwergen geht es fantastisch. Sie wurden ärztlich versorgt und haben sich in ihren neuen Familien eingelebt. Ich bin mit allen »Adoptiveltern« in Kontakt und werde regelmäßig mit Fotos und Videos versorgt. Leider musste ich auch einigen Interessenten absagen, da ich deren Lebensumstände nicht passend fand, um sich um die Katzen ausreichend zu kümmern. So wuseln hier leider immer noch fünf Minis herum, aber auch dafür wird uns schon noch eine Lösung einfallen.

Die drei Teenies Tiny, Mü und Socke sind ebenfalls noch da im, ebenso Muschki und Pixie. Mü möchte nichts mit Menschen zu tun haben, sie lässt sich zwar von mir füttern, aber ansonsten hält sie Abstand. Mein Mann hat ein warmes Häuschen gebaut, welches im Garten steht und das Mü für sich entdeckt hat. Es würde schwer werden, sie zu vermitteln. Tiny hingegen würde am liebsten in mich reinkriechen. Streicheln reicht ihr nicht, sie möchte, dass ich sie auf den Arm nehme und ordentlich durchknuddel. Mittlerweile übernachtet sie auch gerne im Haus, wo sie ein eigenes Körbchen in meinem Arbeitszimmer stehen hat. Es wäre schön gewesen, wenn wir für sie und Socke neue Menschen gefunden hätten, aber bisher war die Suche nicht von Erfolg gekrönt. Dabei sind die beiden echte Schätzchen.

Ich hoffe, dass die Leute in Zukunft einsehen, dass das Leid von Katzen ganz einfach behoben werden kann. Natürlich finde auch ich Katzenbabys zuckersüß und würde am liebsten alle Wuselchen behalten, doch zur artgerechten Tierhaltung gehört etwas mehr, als ihnen Futter hinzustellen. Wer sich eine Katze zulegt, sollte sich vorher Gedanken machen, ob sie in die Lebensverhältnisse passt und ob man das Geld und den Willen aufbringen kann, sie ausreichend zu versorgen - dazu gehört auch eine Kastration.

Ich bin gespannt, wie es »unseren« Kitten im neuen Zuhause weiterhin ergehen wird und wie sie aufwachsen. Es ist das erste Mal, dass hier alle Babys überlebt haben und daran sind die vielen Menschen, die uns auf so unterschiedliche Weise geholfen haben, nicht ganz unschuldig. Ich danke jedem Einzelnen von Herzen dafür.

Für uns brechen jetzt hoffentlich ruhigere Zeiten an. Ohne Revierkämpfe, ohne tote Kitten, die am Straßenrand liegen und ohne Streunerkater oder verschwundenen Katzen.

In diesem Sinne, herzt und knubbelt eure Fellmonster und zeigt ihnen, wie sehr sie es verdient haben, geliebt zu werden.

Kapitel 33

Gespräche mit meinen Katzen IV
Über dieses Buch

Leni: »Was machst du denn da?«

»Ich schreibe ein neues Buch.«

Leni: »Langweilig.«

»Na, wenn du wüsstest, worüber ich schreibe, fändest du es nicht langweilig.«

Leni: »Warum? Lass mal sehen.«

»Geh vom Computer weg! Das ist ein Buch über euch und darüber, wie ihr mich in den Wahnsinn treibt.«

Leni: »Pff, stimmt doch gar nicht. Hör auf, so einen Mist zu schreiben.«

Allie: »Kann ich mal gucken? Komme ich auch darin vor?«

»Ja, ihr kommt alle darin vor.«

Allie: »Aber ich treibe dich doch nicht in den Wahnsinn, oder? Ich bin immer soooo lieb.«

»Du bist noch so ziemlich die Einzige, die halbwegs normal ist. Auch wenn du draußen deine Ohren auf Durchzug stellst.«

Yuki: »Ey, das kannst du jetzt so auch nicht sagen. Was mache ich denn bitteschön, was dich nervt?«

»Ähm, die Liste wird lang, mein Freund. Du bist nämlich der König der Nerver.«

Yuki: »Ach ja? Dann sag mal an, Frau!«

»Das fängt schon frühmorgens an, wenn du denkst, wir alle hätten genug geschlafen. Ich stehe ungern um vier Uhr morgens auf. Dann willst du ständig raus und dann wieder rein. Am besten im fünfzehn Minuten Takt. Fressen! Du bist eine Fressmaschine, die einfach nie genug bekommt und du ärgerst ständig die Mädchen.«

Yuki: »Hallo? Ich bin ein Kerl, das ist völlig normal.«

Ruby: »Hihi, Kerl! Du bist gar kein richtiger Kerl mehr. Ich möchte dem auch noch etwas hinzufügen. Du müffelst und du bist ein Schmutzfink.«

»Oh, liebe Miss Ruby. Soll ich mal mit dir weitermachen? Du bist ein Fräulein Etepetete, zickst herum, fängst ständig Streit an, bist eine Dramaqueen und denkst, alles hört auf dein Kommando.«

Yuki: »Siehste, du bist doof.«

Ruby: »Ich bin überhaupt nicht doof, im Gegenteil. Mama sagt immer Frau Schlau-Schlau zu mir.«

Leni: »Ich glaube nicht, dass das als Kompliment gemeint ist. Kann ich jetzt mal gucken?«

»Nein! Du sollst nicht über ... Leni! Leeeeni - jetzt sieh, was du gemacht hast. Was soll das heißen, hwe78ewrldclöaö? Das ist doch kein Wort.«

Leni: »Es sieht aber lustig aus. Guck mal, wenn ich hier drauf drücke, kommt auch was Lustiges. Hey, du musst nicht gleich grob werden.«

Ruby: »Haha, selber Schuld. Du bist viel zu neugierig.«

Yuki: »Das sagt genau die Richtige. Du steckst deine Nase doch überall rein und du bist total arrogant. Ich finde Bücher langweilig. Apropos, wann gibt es eigentlich Abendessen?«

»Es ist 11 Uhr vormittags und du hast erst gefrühstückt. Wollt ihr nicht alle einfach mal rausgehen, hm? Einfach mal für ein paar Stunden verschwinden, damit ich in Ruhe arbeiten kann?«

Leni: »Das nennst du Arbeit? Buchstaben tippen? Wenn ich das mache, ist das keine Arbeit, das ist absoluter Spaß. Hey, jetzt wirst du schon wieder grob.«

»Weil du nicht auf den Tisch sollst!«

Leni: »Ich werde ja wohl noch selbst entscheiden dürfen, wann ich auf dem Tisch liegen möchte und wann nicht, oder?«

»Oder!«

Allie: »Ich geh nicht auf den Tisch, ätsch.«

Yuki: »Es ist wirklich unfassbar, Allie, dass wir beide miteinander verwandt sind.«

Ruby: »Äh, Allie lügt, Mama. Sie geht nämlich sehr wohl auf den Tisch. Und Leni springt auf die Arbeitsplatte. Und Yuki mampft draußen heimlich den anderen das Futter weg, deswegen ist er auch so dick.«

Yuki: »Na warte, du alte Petze!«

Leni: »Ich wäre bestimmt eine ganz tolle Schriftstellerin, seufz. Ich habe sooo viel zu erzählen.«

»Ich weiß, du quasselst ja ununterbrochen. Yuki und Ruby, wir bringen uns in dieser Familie nicht gegenseitig um!«

Leni: »Also letztens zum Beispiel habe ich ... hey, was machst du denn jetzt? Warum klappst du den Laptop zu? Du sollst doch aufschreiben, was ich dir erzähle.«

»Ich kann mich nicht konzentrieren, ihr macht mich wahnsinnig. Ich verspüre plötzlich große Lust, mich sinnlos zu betrinken.«

Allie: »Okay, mach das. Aber lässt du uns vorher bitte noch raus? Die Sonne scheint so schön!«

Ein Halloweenspecial, welches ich für das *Bundesamt für magische Wesen* geschrieben habe. Mehr darüber finden Sie hier:

http://bundesamt-magische-wesen.de/klein-schwarz-gefaehrlich-vampirkatzen/

Kapitel 34
Die Vampirkatze

Die Vampirkatze unterscheidet sich äußerlich kaum von normalen Hauskatzen, ist aber durch ihr Wesen leicht zu erkennen. Durch jahrelange Forschungen ist es mir gelungen, diese possierlich anmutenden, kleinen Monster zu durchschauen.

Das Aussehen von Vampirkatzen:

Schwarz wie die Nacht, manchmal mit winzigen Schattierungen von Weiß. Die Vampirkatzen besitzen besonders spitze Zähne und Krallen und ihre Augen sind meist von einem satten Grün, bis zu Nuancen von Bernstein.

In einigen Nächten - besonders zu Halloween - kommt ihr wahres Aussehen ans Licht.

Das Wesen von Vampirkatzen:

Bei einer Vampirkatze sollte man stets auf der Hut sein, denn sie trachtet ihren Menschen immer nach dem Leben. Bereits als Babys wird der Drang nach frischem Blut deutlich. Unentwegt probieren Vampirkätzchen, ihre Krallen in menschliches Fleisch zu schlagen. Achten Sie daher unbedingt auf lange Beinbekleidung, denn die Kätzchen werden alles daran setzen, Ihre Waden nach Blut anzuzapfen. Sollte eine Vampirkatze Sie zum Spielen auffordern, gilt auch hier äußerste Vorsicht, denn die Katze wird versuchen, ihre Hände durch Zerkratzen zum Bluten zu bringen. Wenn das alles nichts bringt, wird die Vampirkatze andere Maßnahmen ergreifen. Achtung in dunklen Räumen, denn diese Katzen lieben es, sich aus der Dunkelheit anzuschleichen und dem Mensch ins Gesicht zu springen oder ihn zu Fall zu bringen. Das Gleiche gilt übrigens auch bei Treppen, denn Vampirkatzen sind wahre Meister darin, Menschen auf Treppen aus dem Gleichgewicht zu bringen. Ebenso gefährlich sind lange Vorhänge, Schränke und Bettdecken, hinter, in und unter denen sich Vampirkatzen in Lauerstellung zurückziehen.

Wie man eine Vampirkatze erkennt:

Sie haben eine schwarze Katze daheim und sind sich nicht sicher, ob es sich möglicherweise um eine Vampirkatze handelt? Dann achten Sie auf unbedingt folgende Merkmale:

Sie schmusen mit Ihrer Katze und stellen fest, dass sie sich mit Vorliebe auf Ihrer Schulter aufhält und dabei ihre Krallen tief in Ihrer Rückenpartie versenkt.

Der Kopf der Katze liegt gerne in Ihrer Halsbeuge, während sie durch Trampeln mit den Pfoten versucht, das Blut aus Ihnen heraus zu massieren.

Sie haben das Gefühl, Ihre augenscheinlich schlafende Katze beobachtet Sie auf Schritt und Tritt.

Ihre Katze schleicht ständig um Ihre Beine herum - besonders gerne, wenn man heiße Töpfe oder ähnlich gefährliche Utensilien in den Händen hält. Sie wird versuchen, Sie zu Fall zu bringen und sich an Ihnen laben.

Sofern Ihre Katze das Privileg eines Gartens hat, wird sie sich nach Alternativen zu Ihrem Blut umsehen. Dies können Mäuse, Vögel jeglicher Art, Grashüpfer, Fliegen, Eidechsen oder sogar Blindschleichen sein. Sollte sich letztgenanntes Tier einmal bei Ihnen in der Wohnung befinden, gilt die Regel: Ruhe bewahren. Auf keinen Fall in hysterisches Schreien verfallen. Ihre Katze wird Ihre Schwäche ausnutzen und Sie angreifen.

Wenn Sie nachts schlafen, wird die Katze versuchen, Sie zu ersticken. Das macht sie, indem sie sich wahlweise auf ihren Rücken, Bauch oder Brust legt.

Die Katze sucht ständig Ihre Nähe. Kaum haben Sie sich irgendwo hingesetzt, springt sie auf Ihren Schoß und beginnt augenblicklich mit einlullendem Schnurren und Trampeln der Pfoten. Dies dient nur einem Zweck: Die Katze will Sie willenlos machen und Sie zum Eindösen bringen, um dann heimtückisch an Ihr Blut zu kommen.

Ihre Katze ist wohlgenährt, fast schon rundlich, weil sie alles an Leckerchen abstaubt, was Ihre Küchenschränke hergeben. Vampirkatzen haben einen ausgeprägten Essensdrang, wenn sie nicht an menschliches Blut herankommen.

Sollte Ihre Katze all diese Merkmale aufweisen, können Sie sicher sein: Sie haben sich eine Vampirkatze ins Haus geholt.

Kapitel 35
Revierkämpfe

Donna Mikele, die gebürtig schlicht und ergreifend Mika heißt, diesen Namen aber als unzulänglich, hinsichtlich ihrer Stellung empfindet, streifte durch ihr Revier. Mit wachsamen Augen untersuchte sie jeden Unterschlupf des rivalisierenden Nachbarn, der in letzter Zeit immer öfter in ihren Gefilden wilderte. Schwarz wie die Nacht, verschlagen und mutig – was ihr den Beinamen El Diabolo einbrachte – strich sie um die Häuser, immer einen Blick auf ihre Untergenebenen, um sicher zu gehen, dass *Der Graue* sich ihnen nicht näherte.

Der Graue!

Wie sie diesen Namen hasste. Wie sie diesen Kerl hasste! Donna Mikele hatte nie viel für Männer übrig gehabt, seit ... Ja, seit den alten Tagen, in denen sie noch ein naives, junges Kätzchen war und auf den taffen, starken Baldur traf – ein Kater in ihrer alten Heimat, den ein Freund dieser Menschen mitbrachte, weil sie dachten, sie könne sich verlieben. Ja, Baldur hatte sie gemocht. Warum sie nur wenig später keine Kater mehr leiden konnte, war Donna Mikele bis heute ein Rätsel, welches sie aber nicht zu ergründen ersuchte, da sie andere Aufgaben zu erledigen hatte. Als Oberhaupt einer ganzen Sippe, bestehend aus zwei Menschen und zwei weiteren Katzen, hatte man nie wirklich Zeit für sich. Es musste eben alles seine Ordnung haben!

Wieder einmal war ein Schützling weiter vom Revier entfernt, als er sollte. Ihre rechte Hand, eine Menschenfrau, bei der sie fast seit Anbeginn ihres Lebens lebte, hatte ihr gesagt, sie würde Leni vermissen. Auch wenn Donna Mikele lieber als Einzelkatze ihr Dasein verbracht hätte, so fühlte sie sich verantwortlich für die ihr zugeschusterten, neuen Katzen.

Und davon hatte sie bereits so einige erlebt, doch Leni war als Einzige übrig geblieben. Der Tod war allgegenwärtig, wenn man als Katze draußen herumstrich. Viele wurden Donna Mikele genommen, doch sie verzweifelte nie an ihren Aufgaben. Niemals! Dafür war sie zu stolz.

Ha, da kam er. *Der Graue!* Der Don des Nachbarreviers! Donna Mikele standen die Haare zu Berge, wenn sie den verfeindeten Nachbarn traf. Er trat nie alleine auf den Plan, nein, er schleppte meist seine ganze Sippschaft mit. Feigling! Donna Mikele hatte schon das Blut aller genossen. An ihren Pfoten klebte nicht nur das Fell der Rivalen. Sie ließ sich nicht einschüchtern von seinem Machogehabe. Wie er sich vor ihr aufbaute, lauthals Reden schwang und um sie herumtänzelte, als sei er der Erschaffer der Welt.

Nicht mit mir, mein Freund, dachte Donna Mikele angewidert. *Deine Mutter habe ich gestern erst zerfetzt, heute bist du dran!*

»Deine Kleine«, brummte er. »Die hat sich gestern wieder in meinem Revier herumgetrieben! Sag ihr, ich zieh ihr das nächste Mal das Fell über die Ohren.«

Oh, Donna Mikele war wütend. Stinkwütend! Sie hatte Leni schon tausend Mal gesagt, sie solle sich nicht im nachbarschaftlichen Garten herumtreiben, aber hörte diese Tigerprinzessin? Natürlich nicht, weil sie ganz genau wusste, dass ihr nichts passierte, wenn Donna Mikele in der Nähe war.

Pah, fuhr es Donna Mikele durch den Kopf. *Das haben die anderen auch gedacht.*

Erinnerungen an Namen wurden geweckt. Sir Lancelot, Gigolo, Herr Mutz, und Grumpy ... alles Kater, die sie einst in der Vergangenheit vertrieben hatte, weil diese Burschen ihre Mädels gejagt hatten. Donna Mikele grinste. Oh ja, Lancelot, das war ein Gegner. Groß, schwarz und der Herrscher über das ganze Dorf. Wie hatte sie es genossen, als er panisch vor ihrem Zorn geflüchtet war.

Donna Mikele war mitnichten klein, aber sie hatte auch nicht die stattliche Figur von Leni, die mit ihren Modelmaßen, dem gestreiften Tigerkleid und den großen Kulleraugen, mit dem leichten Silberblick jeden in den Niedlichkeitsbann zog. Von den Menschen wurde sie scherzhaft der isländische Panzer genannt.

Gerade so groß geraten, um sich zu behaupten, zäh, in der Mitte etwas füllig und gemütlich. Aber, und das war Donna Mikeles Trick, so behäbig sie auch aussah, sie war pfeilschnell, wenn sie in Wallung geriet. Ein Umstand, den auch *Der Graue* unterschätzt hatte.

»Dein Revier?«, knurrte Donna Mikele, ihr Fell in Stachelschweinmanier hochgestellt, die grünen Augen wachsam auf den Gegner gerichtet. Mit ein paar grazilen Umrundungen des Feindes versuchte sie, ihren Standpunkt klarzumachen. »Was ist dein Revier? Du kommst in meinen Garten und denkst, du müsstest alles markieren! Reicht dir die blutige Nase noch nicht?« *Schwanzaufstellen,* dachte sie. *Als Drohgebärde! Das kommt immer gut.*

Der Graue fauchte. Knurrte und ließ sein Fell nicht minder in die Höhe stehen.

»Du schwarzes Miststück«, würgte er bedrohlich hervor. »Ihr kamt aus dem Nichts plötzlich hier her und du kleines Mädchen denkst, du kannst es mit mir aufnehmen? Ihr kastrierten Hauskatzen denkt, ihr könntet mit einem Kater wie mir kämpfen? Ich bin potent, das alles ist mein Revier.« Wobei er vor ihr auf und ab schritt, um seine Männlichkeit unter Beweis zu stellen, was Donna Mikele aber recht gelassen zur Kenntnis nahm. »Nimm dein Mädelspack und scher dich dahin, wo du hergekommen bist.« Er spuckte beim Reden und sein Dialekt war auch ganz furchtbar.

Donna Mikele stammte aus Island, einem fernen Land, wo sie allerdings nur in einer Wohnung gelebt hatte. Trotzdem, und darauf beharrte sie, besaß sie das Blut vieler Generationen von Wikingerkatzen, die erfolgreich neue Länder geplündert und eingenommen hatten. Sie war mehrsprachig aufgewachsen und auch Leni maunzte für sie ziemlich merkwürdig. Sie kam nämlich aus Bayern.

»Hör zu,« sagte sie jetzt. »Ich verspreche, deine Kinder in Ruhe zu lassen, wenn du meinen Mädchen nichts mehr tust. Du und ich, wir sind hier die Stärksten. Wenn du ein Problem hast, trag das mit mir aus. Lass uns vereinbaren, dass die gesamte rechte Hälfte des Reviers dir gehört, die linke gehört mir.«

Der Graue drehte sich zu seiner Mutter und seinen beiden halbwüchsigen Sprösslingen um und sagte schließlich: »Gut, einverstanden.« Das hinterhältige Grinsen entging Donna Mikele allerdings nicht.

»Ich warne dich, Grauer«, fauchte sie. »Ich weiß, dass du überall herumstreifst, aber glaub mir, ich nehme dich auseinander, wenn du meinen Mädchen noch mal was antust.«

Ihre grünen Augen funkelten bedrohlich, die Körperhaltung war wieder angespannter.

»Gut«, räumte der Kater ein. »Ich werde es versuchen!«

Mit einem letzten Schnauben setzte sich Donna Mikele in Gang und trat den Weg in den heimischen

Garten an. Dort, wo ihre Menschen unbedarft grillten und sie mit Sicherheit ein Stückchen vom köstlichen Hähnchen abbekam, was sie so sehr liebte. Und abends, auf ihrem warmen Platz auf dem Bett, würde sie neue Pläne schmieden, wie sie diesen Kater in seine Schranken weisen konnte und die alleinige Herrscherin über den Garten wurde!

Denn sie war Donna Mikele, eine Hauskatze mit dem Mut ihrer Wikingervorfahren!

Kapitel 36
Katzen und Weihnachten

Yuki: »Ey Ruby, guck mal. Wir haben einen Baum im Haus.«

Ruby: »Gähn. Und?«

Yuki: »IM HAUS! EINEN BAUM IM HAUS! Sind wir im Himmel?«

Leni: »Nein, du Blödmann. Es ist Weihnachten. Und der Baum ist nicht echt.«

Yuki: »Wie, nicht echt? Nag, kau - ihhh, der schmeckt nach Plastik.«

Ruby: »Hätte man riechen können, aber du musst ja immer alles anfressen.«

Yuki: »Ernsthaft? Was macht das für einen Sinn, sich einen Plastikbaum ins Wohnzimmer zu stellen? Kann man darauf klettern? Nein! Kann ich ihn fressen? Nein! Riecht er nach irgendwas? Nein! Was soll das mit dem Weihnachten denn überhaupt sein?«

Leni: »Okay, dann werden wir mal besinnlich und ich erzähle euch eine Geschichte. Die hat mir Mika damals erzählt, sie wusste das nämlich ganz genau, weil sie aus Island stammte. Und ich bin eine wunderbare Geschichtenerzählerin, das wisst ihr, oder? Also Klappe jetzt und Ohren gespitzt.«

Allie: »Darf ich auch zuhören?«

Leni: »Ich meinte schon euch alle, hört ihr eigentlich nie zu, wenn ich sage?«

Allie und Yuki: »Ähm, nööö?!«

Leni: »Dann haltet jetzt wenigstens die Klappe und ich erzähle euch die einzig wahre Weihnachtsgeschichte. Also, es war einmal eine Weihnachtskatze ....«

Yuki: »Moment mal, dürfen wir dabei Knabberzeug haben? Liegen hier nicht noch irgendwo Dreamys rum?«

Ruby: »Boah, Herr Vielfraß wieder. Wachsen Dreamys auf Bäumen, oder was?«

Yuki: »Na, nicht auf Plastikbäumen, Frau Schlauschlau.«

Leni: »Darf ich jetzt bitte meine Geschichte ... Was ist los, Allie? Warum zappelst du so?«

Allie: »Darf ich vorher noch ganz schnell Pipi machen? Das ist so aufregend.«

Leni: »Seufz. Ja, geh schnell. Aber beeile dich.«

Ruby: »Diese Weihnachtskatze ... - war das Mika? Obwohl sie mir immer eher wie Knecht Katzerecht vorkam.«

Yuki: »Knecht Katzerecht, hahaha, oh hust, würg, sorry. Mir ist ein Dreamy im Hals stecken geblieben. Der war gut, Ruby.«

Allie: »Bin wieder da.«

Leni: »Also, dann lasst uns die Geschichte beginnen. Es war einmal ein kleines Katzenkind, welches in einer Scheune geboren wurde. Diese Scheune gehörte einer uralten und mürrischen Trollfrau. Doch das Kitten wurde schnell zu einer riesengroßen Katze, die mottenzerfressen und ziemlich schlecht gelaunt war. Sie trug den Namen Jólakötturinn. Während die 13 Söhne der Trollfrau mit ihrer Arbeit fertig waren und sich nach und nach wieder ins Hochland verzogen, streifte Jólakötturinn weiter um die Häuser - besonders in den Tagen nach Weihnachten. Sie ist gar kein geselliger Kerl und man sollte sich vor ihr in Acht nehmen. Ihr schmecken nämlich Kinder sehr gut, besonders die, die zu Weihnachten keine Kleidung bekommen haben. Und deswegen bekommt jedes isländische Kind an Weihnachten Kleidung geschenkt, damit Jólakötturinn sie nicht frisst. Ende!«

Ruby: »Leni ... das war die blödeste Geschichte, die du jemals erzählt hast.«

Leni: »Mika hat sie mir erzählt und sie musste es doch wissen, oder? Könnt ihr glauben, oder auch nicht.«

Yuki: »Hm, gibt es eigentlich in dieser Geschichte irgendeine Passage, in der Fresschen vorkommt? Außer Kinder? Ich glaube, ich mag keine Kinder, wobei ich auch keine kenne, um das zu testen.«

Ruby: »Also meine Version ist viel ansprechender. Es war einmal eine wunderschöne Weihnachtskatzengöttin, die jeden mit ihrem roten Fell beeindruckte. Sie war gütig und großzügig, intelligent und sehr klug. In ihrer grenzenlosen Weisheit und liebevollen Güte verwandelte sie die Welt in eine weiße

Pracht. Der Schnee lag so hoch, dass der weiße Kater darin verschwand und nie wieder auftauchte.«

Yuki: »Ohhh, warte, du dumme Nuss!«

Allie: »Warum prügeln die sich schon wieder? Ist die Geschichte schon zu Ende? Ich habe irgendwie gar nichts mitbekommen.«

Leni: »Darf ich bitte raus? Egal, ob mir draußen die Pfoten abfrieren, aber ich lebe anscheinend nur mit Idioten zusammen!«

Kapitel 36

Kleine Katze auf ner Wolke

Für Cäsar, Cleo, Nuri, Pebbie, Winnie, Mika, Cookie und Mister Muffin

»Huch, was mach ich hier?«, sprach die Katze,
leckt sich aufgeregt die Tatze.
»Eben war ich noch auf Erden,
was ist denn los, was soll nun werden?«

Ich bin im Himmel, weil gestorben.
War ich denn nicht eben erst geboren?
War bei Menschen, die mich lieben,
jetzt sind sie allein geblieben.

Sitz' auf 'ner Wolke und weiß nicht weiter.
»Hallo, hat mal jemand eine Leiter?
Niemand weiß doch, wo ich bin,
muss hier weg, gehör' hier nicht hin.«

Ich seh' mich um, so ganz allein,
find's hier blöd, will hier nicht sein.
Doch plötzlich sehe ich sie, die anderen Katzen,
reichen mir vertraut die Tatzen.

Sitz' auf 'ner Wolke und mir geht's gut.
Viele Freunde bringen Mut.
Wachen über unsere Menschen jetzt,
aus Liebe spannen wir ein Netz.

Kleine Katze auf 'ner Wolke hockt,
grüne Wiesen meine Augen lockt'.
Schön ist's hier, ich werd' jetzt bleiben,
die süße Ewigkeit mir vertreiben.

Abschließende Worte:

Für mich sind Katzen einfach die Lebewesen, mit denen ich mich verbunden fühle. Ich weiß, es gibt viele Menschen, die immer noch alten Ansichten und Aberglauben nachhängen, doch diesen Leuten möchte ich nahelegen, Katzen im Wesen zu erfassen, denn es lohnt sich, diese Tiere besser kennenzulernen. Ihr Ruf, verschlagen, egoistisch und hinterhältig zu sein, ist genauso falsch, wie die Annahme, Katzen bräuchten keine Menschen, um zu überleben. In der heutigen Zeit, wo der Lebensraum von Tieren immer kleiner wird, haben wir als Menschen die Verpflichtung, uns um die Tierwelt zu sorgen und zu kümmern – das gilt auch für Katzen, denn noch immer stellen sich unbelehrbare Menschen quer, ihre Tiere kastrieren zu lassen, was zu einer unkontrollierten Population führt. Jedes Tier, was danach getötet wird, weil es unerwünscht das Licht der Welt erblickt, ist Mord und ein Frevel gegenüber der Natur, für die wir als Menschen die Verantwortung übernehmen wollten, also müssen wir auch dafür sorgen, dass es der Natur gut geht!

Helfen Sie mit und beenden Sie vor ihrer eigenen Haustüre das Leid von unerwünschten Katzen und lassen Sie ihre Tiere kastrieren!

Sollten Sie sich entscheiden, einem Tier ein Zuhause zu geben, bitte wählen Sie den Weg ins Tierheim. Auch ältere Tiere haben ein glückliches Leben verdient und mit ein bisschen Geduld, wird man auch an solchen

Geschöpfen viel Freude haben. Unterstützen Sie keine »Vermehrer«, indem Sie auf Zeitungsanzeigen reagieren, bei denen kleine Kätzchen angeboten werden.

Sollten sich Ihnen Möglichkeiten bieten, halten Sie bitte Schlafplätze in Schuppen, Garagen oder Kellern bereit. Auch in Deutschland gibt es mehr als genug Straßenkatzen, die niemanden haben, der sich um sie kümmert. Ein paar alte Decken und etwas Futter kosten nicht viel, retten aber vielleicht sogar Leben. Sollten Sie Unterstützung brauchen, wenden Sie sich an den zuständigen Tierschutzverein Ihrer Region. Und noch der Aufruf kurz vor Weihnachten: Verschenken Sie keine Tiere, wenn Sie nicht sicher sind, diesem Tier auch ein dauerhaftes Zuhause bieten zu können!

Über die Autorin

Nathalie C. Kutscher, gebürtig aus dem Ruhrgebiet, lebt seit einigen Jahren in Mecklenburg-Vorpommern.

Die Autorin schreibt in verschiedenen Genres, u.a. als Eden Barrows und Ava Pink und ist seit 2017 stellvertretende Verlagsleitung beim Telegonos-Verlag, wo sie auch die meisten ihrer Bücher veröffentlicht.

Zuletzt erschienen:

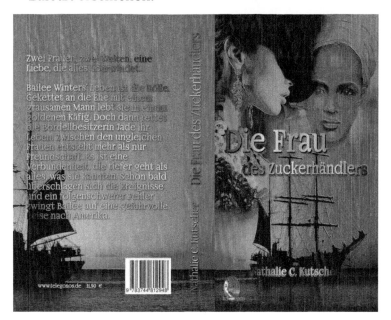

Wir freuen uns auf Ihren Besuch!

www.telegonos.de